自家寶藏

如來藏經語體譯釋

聖嚴法師

自序

如來藏的思想，是最受漢、藏兩系大乘佛教所信受的，雖於近代善知識之中，對於如來藏的信仰，有所批評，認為是跟神我思想接近，與阿含佛法的緣起性空義之間有其差異性，認為那是為了接引神我外道而作的方便說，甚至是為使佛法能生存於神教環境之中而作的迎合之說。我相信善知識的研究，有其資料的客觀性、有其剖析的正確性，但我更相信如來藏思想，並不違背緣起的空義，而具有其寬容性。

近年來，我有多半的時間是在指導禪修，我主張，漢傳佛教的遺產，也應該受到重視及弘揚。因為今日世界的佛教，多係日本的禪及西藏的密，南傳上座部系的佛法，則比較保守，深度及廣度也不易被世界環境普遍認同。這三系的佛法，最早被介紹到西方社會的是南傳錫蘭（現名斯里蘭卡）系的上座部，印順長老指出那是上座部下分別說系的赤銅鍱部；次早傳入歐美社會的是日本淨土真宗及禪宗，最晚是藏傳佛教的密宗；漢傳佛教到達歐美，早於藏傳佛教，略晚於日本的佛教，由於語文人才缺乏，知識層的僧俗四眾不多，所以迄今未見有大起色，這不是因為漢傳的佛法不夠好。而不論日本的禪，西藏的密，都跟如來藏的信仰有關，因為有其適應不同文化環境的彈性，比較容易被各種民族所接受。

中國佛教號稱有大乘八宗，漢印兩地的諸大譯經三藏，把印度大乘三系的中觀、瑜伽、如來藏經論，大量地傳入漢地，最受中國歡迎而能發揚光大的，還是跟如來藏相關的宗派，教理方面的天台宗及華嚴宗，實修方面的禪宗及淨土宗，尤其是禪宗，幾乎成為一支獨秀；其他各宗則並未形成教團而普及，反而是由出身於禪寺的僧侶，從事於天台及華嚴的思想研究。至於非如來藏系的中觀及瑜伽，在漢地雖也有人研究，唯有少數的思想家當作哲學探討，並未發展成為普及化的教團，也許是曲高和寡，也許是跟本土文化，比較難以融合。

日本的佛教，早期自朝鮮半島輸入，後來直接由漢地輸入，原則上就是中國佛教的延伸。日本沒有接受中觀的佛教，雖然在奈良時代由中國輸入了瑜伽的法相宗，卻始終只有法隆寺維繫著法脈；至於其他日本諸宗各派的佛教，不論是傳統的或者是新興的，都跟如來藏的信仰相關。

因此我敢相信，適應未來的世界佛教，仍將以如來藏思想為其主軸，因為如來藏思想，既可滿足哲學思辨的要求，也可滿足信仰的要求，可以連接緣起性空的源頭，也可貫通究竟實在的諸法實相。

實相無相而無不相，法身無身而遍在身，便是無漏智慧所見的空性。佛性、如來藏、常住涅槃等，其實就是空性的異名。佛為某些人說緣起空性，又為某些人說眾生悉有佛性，常住不變，但是因緣法無有不變的，唯有自性空的真理是常住不變的。有了無我的智慧，便見佛性，見了佛性的真常自我，是向凡夫表達的假名我，並不是在成佛之後，尚有一個煩惱執著的自我；那也就是《金剛經》所說的：「無住生心」的一切智心，絕對不是神教的梵我神我。

我於解釋佛性如來藏時，會介紹如來藏緣起觀。由於阿含佛法的菩薩，僅是成佛之前的佛，佛法的解脫道，只要聽聞正法，如理作意，法隨法行，在家人最高可證三果，死後生五淨居天，然後便得解脫；出家人加修梵行，最高可以即身證得第四阿羅漢果，得解脫入涅槃，卻未說人人皆可以成佛。能得解脫固然已經夠好，但尚不能圓滿佛法眾生平等的原則。《大般若經》雖也標明莊嚴國土、饒益有情的菩薩殊勝行，並未說一切眾生都有成佛的可能性；《法華經》的〈常不輕菩薩品〉

說：「不敢輕於汝等，汝等皆當作佛。」佛性如來藏思想已呼之欲出，但還未曾明說。《華嚴經》說世尊成佛道之初，便見大地一切眾生皆具如來智慧，也是肯定佛性如來藏的前驅。直至《大涅槃經》才明說一切眾生悉有佛性，始將佛道的慈悲平等，普及到一切眾生；不論已經學佛或未學佛，不論有佛出世說法或者無佛出世說法，任一眾生身中的如來寶藏是永不變質的。這樣的說法讓一切眾生都有成佛的希望，縱然完成究竟的佛，必須經過長劫親近諸佛，但修行菩薩道，總是給所有的眾生「身中有佛、心中有佛」的自信。

如來藏思想能使發心菩薩，願意接受一切眾生都是現前菩薩未來佛的觀念，也能使發心菩薩，願意尊敬、尊重每一個人。若能將順、逆兩種因緣的發動者，都看作是順行菩薩及逆行菩薩，也就能將在苦難中失去的親友，視作菩薩的現身說法，幫助自己改變對於人生的態度。因此，我們要推動人間淨土的建設工程，佛性如來藏的信仰就太重要了。

我在中國文化大學哲學研究所及佛學研究所，都曾講《中觀論頌》、《唯識三十頌》及淨土學、禪學等；在美國東初禪寺也曾為二十多位東、西方弟子講過《中論》、《成唯識論》、《八識規矩頌》。同時，我也於臺、美兩地講過天台的教觀、華嚴的五教章；如來藏系的《圓覺經》、《楞嚴經》、《大乘起信論》，則講過好多次。

我還曾講說了基礎佛法的四聖諦、四正勤、五停心、四念住、六波羅蜜等，也解說註釋了《八大人覺經》、《四十二章經》、《佛遺教經》等基本經典，以及《心經》、《金剛經》、《無量壽經》、《法華經》、《維摩詰經》等大乘經典。而我的基礎佛法是阿含藏與律藏。可以說印度的大乘三系、中國的大乘諸宗，我都有涉獵，雖不能算是專家，亦不算是太外行了。其中我自己受用最多的、弘化最好用的、也最能被大眾接受的，還是如來藏的信仰。因此我以語體文譯釋了這部《如來藏經》。

我的語譯，是依據經文前後的文義，做明朗的表達，不會脫離經文原意，也未必逐字直譯。

我的註釋，不是佛學辭典式的名詞經文特定文句的解釋，而是採取短篇文章式的敘說及論列，同時也著眼在實踐方面的時代適應。例如我在註釋貪、瞋、癡三毒條下，便將法鼓山於西元一九九九年推出的心五四運動，配合著說明；否則，古往今來註釋經文的善知識已經夠多，何必又要多我一個呢！

由於《如來藏經》是如來藏思想系列經典中的最主要者之一，尤其即以如來藏為其經名，且以極淺顯易懂的九則譬喻，為其全經的骨幹，平易近人的表達方式之中，含有眾生身中本具佛性如來寶藏的勝義。故於象岡道場主持四十九日默照禪七期中，趕日趕夜地完成了這冊小書。

二〇〇〇年六月十九日於美國象岡道場

目錄

附錄

緒論

一、如來藏思想

印度佛教的發展，依據印順長老分析，共有三期：1.佛法，2.大乘佛法，3.祕密大乘佛法。在這三期之中，亦各有分段與流派。第二期的大乘佛法，有初期的大乘佛法及後期大乘佛法。初期大乘佛法的經典是指《般若經》、《法華經》、《華嚴經》、《維摩經》等。後期大乘佛法的經典，除了有被編入《大般若經》、《華嚴經》、《大寶積經》、《大方等大集經》等大部聖典之外，其他主要都是闡揚如來藏思想的系列經典：1.《大般涅槃經》的前分十卷，2.《大方等如來藏經》，3.《大法鼓經》，4.《央掘魔羅經》，5.《勝鬘師子吼一乘大方便方廣經》（略稱《勝鬘經》），6.《不增不減經》。

如來藏系列經典，雖被目為後期的大乘佛法，對於發展中的佛教來說，影響極為深遠，不論是西藏的瑜伽行中觀派，中國的天台、賢首、淨土、禪宗等，都富有濃厚的如來藏思想，甚至印度的唯識學派，也受有如來藏的影響。也可以說，凡與後期大乘佛法相關的，其特色便是如來藏的信仰，相信一切眾生皆有本來清淨的如來智慧功德法身。

二、《如來藏經》宗旨

《如來藏經》在後期大乘佛法中，是比較早出現的，現存漢文有兩種譯本：1.東晉天竺三藏佛陀跋陀羅譯《大方等如來藏經》一卷，2.唐不空三藏譯《大方廣如來藏經》一卷。均收於《大正藏》第十六冊，文字略有出入，內容大致相同。

從《如來藏經》的說法因緣來看，應係受到《華嚴經》思想的啟發，印順長老的《印度佛教思想史》一五六頁說：「《華嚴經》初說毘盧遮那佛的華藏莊嚴世界海；世界與佛都住在蓮華上，華藏是蓮華胎藏；蓮華從含苞到開花，蓮實在花內，如胎藏一樣；等到華瓣脫落，蓮臺上的如來（蓮蓬上的蓮子），就完全呈現出來。《如來藏經》就是以蓮華萎落，蓮臺上有佛為緣起。」

《如來藏經》的內容，相當單純，全經以九種譬喻，說明眾生皆有佛性如來之藏，讓大家知道，一切眾生雖被煩惱覆蓋，迷失了成佛方向，而其「如來之藏，常住不變。」所謂九種譬喻為：1.萎花有佛，2.蜂群繞蜜，3.糠糩粳糧，4.不淨處真金，5.貧家寶藏，6.菴羅果種，7.弊物裹金像，8.貧女懷輪王，9.鑄模內金像。

在此九喻中的第一萎花有佛喻，是說釋迦世尊以神力變現的無量數千葉蓮花，花葉萎謝了，蓮胎藏內的無量數如來，便顯現出來，這是如來藏的根本譬喻。因為「如來觀察一切眾生，佛藏在身，眾相具足」，此與《華嚴經》所說，佛觀大地一切眾生皆具如來智慧，是一致的；《大般涅槃經》所說的眾生皆有佛性，也是相同的。

三、經題及譯者

《大方等如來藏經》簡稱《如來藏經》，晉譯為《大方等如來藏經》，唐譯為《大方廣如來藏經》。「方等」與「方廣」，都是泛指一切大乘經典。明末蕅益智旭的《閱藏知津》卷二云：「方等亦名方廣」，「始從《華嚴》，終《大涅槃》，一切菩薩法藏，皆稱方等經典。」元照的《阿彌陀經義疏》也說：「一切大乘，皆以方等實相為體，方謂方廣，等即平等。實相妙理，橫遍諸法，故名方廣；豎該凡聖，故言平等。」

方廣的梵文毘佛略（vaipulya），隋代吉藏的《勝鬘寶窟》卷上本的解說：「方廣是大乘經之通名也」，「理正方，文富稱廣；又一乘無德不包曰廣，離於偏邪稱方。」本來在阿含藏中十二分教舊譯十二部經的第十一，也名方廣，是指宣說方正廣大真理之經文，所以方廣一詞，通用於大、小乘經，然在稱為方等部經典之時，便界定成為大乘經典。因此有些大乘經典，便會冠上一個「大」字，稱為「大方等」或「大方廣」，例如《大方等大集經》、《大方廣佛華嚴經》。《如來藏經》先後二譯，即分別用了大方等及大方廣的兩種尊稱，表示此經是方等部中最上乘的經典。

「如來」的梵文是多陀阿伽陀（Tathāgata），乃為佛的十種尊稱德號之一，「如」是究竟真實，到處如此，永遠如此；「來」是本來如此，不來不去，不生不滅，是緣起性空的如實覺悟者。原始佛教的如來，就是王子喬答摩成道的釋迦世尊人間身。

依據《大方廣佛華嚴經》卷十二說，釋迦佛有多種尊號：「或名釋迦牟尼，或名第七仙，或名毘盧遮那，或名瞿曇氏。」因為佛在「菩提場中，始成正覺」，便以佛神力見到了「佛身充滿於法界，普現一切眾生前，隨緣赴感靡不周，而恆處此菩提座。」可見示現於遍法界的毘盧遮那佛，與坐在菩提樹下金剛座上的釋迦牟尼佛，是同為一身而隨緣應現，這是「如來」的原始意義。到了佛滅之後，漸漸出現了佛的二身說，除了人間身的釋迦牟尼佛，將普現一切眾生前的佛，名為法身的毘盧遮那佛。然後又發展成為佛的三身說：1. 應化身（nirmāṇa-kāya）的釋迦佛，2. 法性身（dharma-kāya）的毘盧遮那佛，3. 功德果報身（saṃbhoga-kāya）的盧舍那佛。

本來，在《金剛經》中已說到，不應以三十二相的人間色身而見到如來，應於音聲及物質的肉身之外，依佛說的緣起性空，不執著形相的智慧之眼，即可見到如來。那是不來不去、不生不滅的智慧法身，所以稱為如來。不論有佛出世或無佛出世，只要具備了無漏的智慧之眼，便能與佛一般，可以看到佛的法身遍在，那就是如來。

「如來藏」的梵文是 tathāgata-garbha，藏是胎藏，語源出於梨俱吠陀的金胎（hiraṇya-garbha）神話，如來藏則是指眾生身中，皆有如來；或可說一切眾生本是如來，只是尚在胎內，沒有誕生。這可使人生起信心，願意修學佛法，以期早成佛道。《法華經‧方便品》說：「一稱南無佛，皆已成佛道。」《華嚴經‧梵行品》說：「初發心時，便成正覺。」都能鼓舞人心學佛成佛，因此而有即身成佛、立地成佛、頓悟成佛等的信仰，流行起來。

由於胎藏源出婆羅門教的外道教典，它有真我或神我的意思，《涅槃經》的「常樂我淨」，也是指的如來藏，所以《楞伽經》卷二就明白地說：「開引計我諸外道故，說如來藏。」不過，大乘佛法的如來藏，不是神我，《勝鬘經》及《不增不減經》說如來藏是眾生與佛、生死與涅槃的一切法所依，也就是依如來藏而成立一切法。所以如來藏和法身（dharma-kāya）、法界（dharma-dhātu）、自性清淨心（prakṛiti-pariśuddhi-citta）、清淨真如（pariśuddha-tathatā）、佛性、眾生界、佛界等同一內容。

《勝鬘經》進一步說，如來藏有兩種性格：1.空如來藏，是指如來藏出離煩惱，2.不空如來藏，是指如來藏中本具如來功德。《大般涅槃經》卷七說：「佛法有我，即是佛性。」又說：「我者，即是如來藏義，一切眾生悉有佛性，即是我義。」《央掘魔羅經》則說：「一切眾生皆有如來藏我。」《不增不減經》也說：「眾生界者，即是如來藏；如來藏者，即是法身。」如此說來，如來藏就與婆羅門教典中的神我（ātman）不相同了。

「經」的梵文是修多羅（sūtra），異譯有修妬路、修單羅、素怛纜、蘇怛羅等，意譯契經，有契理合機之意。原本是線的意思，世間用線縫布成衣、穿花成串，佛法則以修多羅貫穿聖教，令正法久住世間而不散失墜落。

「經」在佛教聖典中，有總別二義，總義為一切大、小乘經藏，名為《素怛纜藏》，與《毘尼藏》、《摩得勒迦藏》，合稱為經、律、論三藏。別義則是屬於十二分教的第一類，是將一切經的體裁和題材，最先分作九類，後來增列為十二類。不論九分教或十二分教，修多羅或素怛纜，都被列為第一類，是經典常用、必用的散文體，跟偈頌體的韻文對比，修多羅的契經被稱為長行。直接用散文宣說的法義，便稱作契經，意謂契理契機的經典。

大乘經典中，多半會採用長行之後有偈頌，名為重頌，或在長行之間有孤起頌，名為諷頌。引用故事性的題材，則為因緣、本生、本事，借喻說明法義的文字名為譬喻，問答辯論法義的文字名為論議，共分有十二類，新譯十二分教，舊譯十二部經，也就是契經所用的十二種文字類別。並非每一部經都具備十二類，例如《如來藏經》，在經律論三藏之中，屬於契經藏的一種，此經的文字表達，則用了長行及偈頌的兩種體裁，以及譬喻方式的一種題材。

「東晉大竺三藏佛陀跋陀羅譯」，佛陀跋陀羅（Buddhabhadra）譯為覺賢，是印度迦毘羅衛的釋迦族人，於姚秦之世由南方的交趾乘船來華，到長安與鳩摩羅什過往論法，深受羅什器重，《梁高僧傳》卷二說羅什「每有疑義，必共諮決」。可見覺賢是一位德學兼優的大善知識。東晉安帝義熙十四年（西元四一八年）覺賢於道場寺受請翻譯六十卷本的《華嚴經》。迄宋文帝元嘉六年（西元四二九年），以七十一歲高齡圓寂時為止，他一共譯出經、律、論三藏聖典，凡一十五部一百十有七卷，這部《如來藏經》，也是其中之一。

《如來藏經》的文字，看來淺顯易懂，其實也有甚深的義理之處。以下將用分節與分段方式，進行譯釋，每段各有三項：1.本經原文，2.語體譯義，3.名詞及文句註釋。若遇經文中沒有必要註釋之點，便省略第三項。

經文譯釋

一、說法因緣

如是我聞，一時佛在王舍城耆闍崛山中，寶月講堂，栴檀重閣。成佛十年，與大比丘眾，百千人俱。

這段經文的形式，是各部經典共通使用的，古代註經家們都解釋為「六成就」。是結集經典時的制式用法，即以「如是」，向大會的會眾取信；以「我聞」，表示向結集大會誦出此經的阿難尊者，親聞佛曾如此說的；以「一時」，表示佛陀說出此經的那個時間；以「佛」為說法主釋迦世尊；以「王舍城」等地名、建築物名，表示佛陀說出此經的場所；以「與大比丘」等，表示佛陀說法時的當機對象。

語譯

就是這樣，我阿難親自聽聞到的，那時的世尊佛陀，正在王舍城外的耆闍崛山中，處於寶月講堂的栴檀樓閣。當時的佛陀，已成道十年，佛陀世尊與百千位大比丘眾，聚集在一起。

註釋

一時　在佛典中的時有兩種：1.以世間共同使用的時間為實時，梵文稱為迦羅（kāla），2.以剎那生滅的分位為假時，梵文稱為三昧耶（samaya）。佛教經論中所用的「一時」，都是三昧耶時，律藏中的朝、午、夜等，則用迦羅時。

佛　是大覺者，小乘經中一共只有過去七佛，大乘經中則有十方三世無量數佛。《阿含經》中只有人間身佛，大乘經中則有化、報、法的三身佛，化身佛之中又有人間身而具足三十二種大人相的佛，以及應現十法界各類眾生身相的佛。此處是指人間身的釋迦牟尼佛。

王舍城　梵文是Rāja-grha，為中印度摩伽陀國的首都，佛世該國的國王是頻婆娑羅，乃為世尊成道後赴鹿野苑途中，先去說法化度國王的地方。

耆闍崛山　梵文是 Gṛdhrakūṭa，王舍城被五山圍繞，其中最高大者，位於王舍城的東北，即名耆闍崛山，意為鷲峰，山頂似鷲，當地人稱之為鷲頭山。《法華經》卷五的〈壽量品〉，將之譯為靈鷲山，而有「時我及眾僧，俱出靈鷲山」，「於阿僧祇劫，常在靈鷲山」的偈語。

成佛十年　是指出佛陀宣說此經時的年代，在一般的大、小乘經典中，很少有這樣肯定的標示，所以比較特別。律藏中則於開始制戒，就說是佛陀成道後六年。

與大比丘眾　比丘梵語 bhikṣu 的舊譯，玄奘的新譯為苾芻，意譯為乞士、除士、除饉男、熏、道士等。

依據僧肇《注維摩詰經》卷一的解釋是：「比丘秦言或名淨乞食，或名破煩惱，或名淨持戒，或名能怖魔。天竺一名該此四義，秦言無一名以譯之，故存義名焉。」僧肇是羅什的弟子，精通梵漢兩種語文，他以為比丘的梵文一名，含有四義，所以沒有恰當的漢文名詞可以轉譯，便用音譯了。

世尊說法，在《雜阿含》中的許多短經，或對一人說，或對多人說，或對集會的大眾說。一般而言，《阿含經》多對人間身的僧俗四眾弟子說，那就是出家的男、女二眾，名為比丘及比丘尼，在家的男、女二眾，名為優婆塞及優婆夷。到了大乘經中，由於聽眾成員不限人間身的僧俗四眾，聽眾的數量動輒就有無量無數，除了人間身的四眾聲聞弟子，必有來自此界他方的大菩薩眾，甚至還有大量的諸天鬼神等眾，因此，便將說法的大會名為海會，例如宣說《阿彌陀經》時名為彌陀海會，《法華經》的靈山海會，《華嚴經》的華嚴海會。《如來藏經》的會眾，也有三大類：一是百千位聲聞相的大比丘眾，二是此界他方的大菩薩眾，三是天龍夜叉等八部鬼神。

所謂「大比丘眾」，是說這些比丘，皆是已證得四種聲聞果位的聖人眾，故在不空三藏的譯本中，在「大苾芻眾」的文句之下，接著尚有一段形容介紹的文字，說他們都是「有學無學，聲聞羅漢，諸漏已盡，無復煩惱，皆得自在，心善解脫。」並且列舉了大迦葉、三迦葉、薄俱羅、離波多、舍利子、大目犍連、憍陳如、阿難陀等大聲聞眾的名字。

菩薩摩訶薩，六十恆河沙，皆悉成就大精進力，已曾供養百千億那由他諸佛，皆悉能轉不退法輪。

語譯

偉大的菩薩聖眾，有六十條恆河沙的數量那麼多，他們都已成就了大精進力，他們已經供養了百千億那由他數的諸佛，他們都已能轉不退轉的法輪。

註釋

菩薩摩訶薩　梵文 Bodhisattva-mahā-sattva，意為偉大覺悟的眾生。聲聞自求覺悟之道；菩薩自覺覺他，然亦有其道果的等位高下，凡是初地以上的聖位菩薩，即被稱為菩薩摩訶薩，菩薩是覺有情（眾生），摩訶薩是大有情（眾生）。

恆河沙　梵文 gaṅgā-nadi-vāluka，新譯殑伽沙。恆河是印度東北的大河，是印度的三大河流之一，發源於喜馬拉雅山的南部，沿路匯集大小無數的支流，向東南奔流五百里，然後與波拉馬波脫拉河會合，流入印度洋。恆河流域一帶，是土地肥沃、物產豐饒的大平原，數千年來，是印度文明的中心，佛教以及許多的印度哲學家，都以此一流域為發祥地。印度民族，便將此恆河視為神聖。

大乘經典中常以恆河沙來形容數量的眾多，原因是其他河流沒有恆河那樣源遠流長而且沙細又多，加上釋迦世尊遊化人間，就在恆河兩岸。《大智度論》卷七，對此有如下的說明：「恆河沙多，餘河不爾。復次是恆河是佛生處、遊行處，弟子眼見，故以為喻。……諸人經書，皆以恆河為福德吉河，若入中洗者，諸罪垢惡，皆悉除盡，以人敬事此河，皆共識知，故以恆河沙為喻。」一個恆河沙數已是無量，何況現有六十恆河沙數的大菩薩眾，雲集來會的場面了。

大精進力　精進是六波羅蜜的第四波羅蜜，精進力是三十七道品之五力內的第二力。是以信、精進、念、定、慧的五根，能生一切善法；五根增長，對治邪信、懈怠、邪念、亂想、三界諸惑，稱為五力。大精進力，則為兼攝五根五力的精進波羅蜜，策勵自己，勇猛不懈怠，修行一切善法，伏斷一切惡法。此處因係指的是初地以上的聖位菩薩，奮力修持悲智雙運、難行能行的菩薩萬行，永不疲厭，絕不退心，故名大精進力。

已曾供養百千億那由他諸佛　供養諸佛是大乘菩薩行的必修功課之一，基本的菩薩道，是上求佛道，下化眾生；基本的成佛之道是以智慧心斷除煩惱，以大悲心成熟眾生，以六度四攝，透過利人來成長自己。為了感恩諸佛說法的功德，為了見賢思齊學習諸佛的福慧莊嚴，所以要對諸佛稱讚、禮拜、供養，並且在佛住世之時要請佛說法，當佛涅槃之前要請佛住世，這些都是菩薩行者必須做的。佛在《法華經》中，處處讚歎供佛功德，每為弟子授記，便說各自於當來成佛之前，將要供養多少數量的諸佛。意思是說，若要成佛，先當逐一於無數諸佛之前作供養人，以財物、體力、心力等修種種供養，甚至如《法華經》及《梵網菩薩戒經》中鼓勵以燒身、燒臂、燒指等供養諸佛，才是真的精進。此在聲聞法中是被禁止的極端苦行，但於菩薩行中，是受鼓勵的難行能行。站在人間身的立場，應該禁止燒身的苦行，則是不必懷疑的。

那由他　梵文的 nayuta，是一個很大的數目，相當於漢文的億，而此億有三等：十萬、百萬、千萬，在佛典中各派論師之間，億數也有多少不等，一般的漢文化中，多是以十萬為一億，此在《一切經音義》卷三，就是如此解釋。現代人所說的億，是一萬萬。

悉能轉不退法輪　是說以下經文中所介紹的那些大菩薩們，都是已位階初地以上的法身大士，已得無生法忍，已登三不退轉之中的第二行不退位。所謂三不退是萬劫修因至十住位為「位不退」，入初地位為「行不退」，八地以上為「念不退」的無功用位。

不退轉的梵文是阿鞞跋致（avaivartika），其位次在各派論師間雖有不同的見解，大致說是得無生法忍的初地以上大菩薩。因為初地以上的大菩薩，自己已得行不退轉，到了八地以上念不退的大菩薩，已能顯現佛身，為法身大士說法，轉不退法輪。由於以下的經文所舉諸大菩薩，都是八地以上乃至十地滿足最後一身即將補處佛位的等覺菩薩，所以都能轉不退法輪了。

法輪的梵語是 dharmacakra，是一種譬喻。印度傳說中的轉輪聖王，能隨輪寶飛行空中，所到諸國，兵不血刃，都會不戰而降，接受輪王的仁政統治。佛所說法，其威力亦如輪寶，所到之處，眾生得聞，便能消滅一切惡不善法，離苦得樂。

若有眾生聞其名者，於無上道，終不退轉。

語譯

如有任何一位眾生，得聞其中菩薩摩訶薩之名者，便能於無上的佛道，再也不會退轉失落了。

註釋

聞其名者 是由聽聞得知如許菩薩摩訶薩中的任何一位名號，而念彼菩薩所修法門功德，乃至如《法華經．普門品》所示，僅念菩薩名號，就能有願必成，有難必脫，有苦必離，何況能夠得聞六十恆河沙數的菩薩名號。

無上道 梵文是阿耨多羅三藐三菩提（anuttara-samyak-sambodhi），是佛智之名，譯作無上正遍知、無上正真道，是真正遍知一切真理的無上智慧。

其名曰：法慧菩薩、師子慧菩薩、金剛慧菩薩、調慧菩薩、妙慧菩薩、月光菩薩、寶月菩薩、滿月菩薩、勇猛菩薩、無量勇菩薩、無邊勇菩薩、超三界菩薩、觀世音菩薩、大勢至菩薩、香象菩薩、香上菩薩、香上首菩薩、首藏菩薩、日藏菩薩、幢相菩薩、大幢相菩薩、離垢幢菩薩、無邊光菩薩、放光菩薩、離垢光菩薩、喜王菩薩、常喜菩薩、寶手菩薩、虛空藏菩薩、離憍慢菩薩、須彌山菩薩、光德王菩薩、總持自在王菩薩、總持菩薩、滅眾病菩薩、療一切眾生病菩薩、歡喜念菩薩、饜意菩薩、常饜菩薩、普照菩薩、月明菩薩、寶慧菩薩、轉女身菩薩、大雷音菩薩、導師菩薩、不虛見菩薩、一切法自在菩薩、彌勒菩薩、文殊師利菩薩。

註釋

以上經文中，共列四十九位大菩薩聖號，在不空三藏的譯本中，列舉四十六位大菩薩聖號，多半只是漢譯用字上略有不同，例如無量勇健菩薩及無邊勇健菩薩，比起覺賢三藏譯本，多一個「健」字。又如以香悅吉祥菩薩及吉祥藏菩薩，換取覺賢譯本的香上首菩薩及首藏菩薩。又以慈氏菩薩及曼珠室利童真菩薩，換取覺賢譯本的彌勒菩薩及文殊師利菩薩。這些僅是（唐以前的）舊譯與（唐代的）新譯所用文字不同，內容則同。唯於不空譯本中，在舉出諸大菩薩名號之後，接著有「而為上首」四字，為覺賢譯本所沒有的。表示這些大菩薩，是六十恆河沙菩薩的先導者，或是悲智的果位最高者，所以稱為上首，也站在最靠近說法主釋迦佛的法座。其中為我們最熟悉的是觀音、勢至、彌勒、文殊等四大菩薩，但不知何故未見《華嚴》、《法華》、《維摩》、《楞伽》等諸大乘經中常見的如普賢等諸大菩薩。

如是等六十恆河沙菩薩摩訶薩，從無量佛剎，與無央數天、龍、夜叉、乾闥婆、阿修羅、迦樓羅、緊那羅、摩睺羅伽俱，悉皆來集，尊重供養。

語譯

像以上這樣偉大的菩薩們，有六十恆河沙數那麼多，都是從十方無量數的佛國淨土前來與會；跟他們同來的，尚有無法計算其數目的八部天神等眾，一齊聚集到釋迦世尊所在的耆闍崛山，尊敬隆重地奉上了他們各自的供養。

註釋

無量佛剎　剎是剎土，是梵語差多羅（kṣetra）的訛略漢文音譯，意為國土，「佛剎」便是佛國淨土，十方無量諸佛，每一尊佛，都各有一個成熟眾生的國土，每一國土的範圍，稱為一個大千世界，每一個大千世界，不一定都有十法界眾生。釋迦所教化的國土，名為娑婆世界，含有六凡四聖的十法界眾，其他諸佛國土，有的也具足十法界，有的雖是人天凡聖同居，唯沒有地獄、餓鬼、異類傍生的三惡道眾生，不像娑婆世界具有欲、色、無色的三界，稱為五趣雜居地。例如西方阿彌陀佛的極樂國土，沒有三界，只有蓮邦，雖有各類彩色的鳴禽，卻都是佛力化現，不是業報使然的異類傍生，所以相對於娑婆世界的穢土，名為淨土。

大乘經中的十方無量諸佛，各有佛的名號及國土的名稱，經中列舉的佛號及佛國名，大概僅有數千個，佛教徒們最熟悉的，恐怕不出十個，縱然每天讀誦《阿彌陀經》六方諸佛中的三十八尊佛號，平常對於那些佛的印象恐怕也是模糊的。

在中國佛教徒的信仰中，除了釋迦牟尼佛，大概僅能信賴西方的阿彌陀佛，臨終之際，來接引往生極樂國土；有了災難及健康的問題，便祈求東方藥師琉璃光佛，消災、植福、延壽、平安、吉祥，卻很少有人關心藥師佛的琉璃光淨土是怎樣的一個環境了。

所以，無量佛剎，是存在於對佛經的信仰中，並不在人間的生活中。大乘經典中所載大法會上的無量大菩薩眾，來自十方諸佛國土，對於凡夫而言，也僅是信仰，而無從親見；若有凡夫與會，亦是如聾如盲，聽不到、看不見。應該說，那些大菩薩眾，不是人間身的肉眼能見，他們沒有物質的實體，也不占空間位置，既然都是初地以上的法身大士，當以戒、定、慧、解脫、解脫知見的五分功德為身。

天、龍、夜叉、乾闥婆、阿修羅、迦樓羅、緊那羅、摩睺羅伽　其中以天眾及龍眾為上首，故稱為天龍八部，或名為八部眾。這是佛教攝化了印度原有宗教所信的群神，予以整合歸類，成為八大類的護法群神，稱為護法諸天的八部眾。

天　梵語提婆（Deva），義涵很廣，通常指的是三界一共二十八個等級的天帝、天臣、天子、天民；但提婆一字，也包含了鬼神的全部。習慣上，凡是善類的諸神即名為天，惡、不善類的諸神便稱為鬼。因此而有地居天及空居天之分，色、無色界為空居天，欲界的四天王天及忉利天（亦名三十三天），是地居天，在人間世各種皈信了佛法，護持三寶的鬼神及畜神等靈界眾生，也都被稱為地居天。

一般的概念中，天界眾生雖涵蓋三界，但狹義的天，其實多指欲界的四天王天及忉利天，是地居天的範圍；色界及無色界屬於禪定天，雖有大梵天及魔天，會請佛說法，會擾亂大修行人，但與人間接觸的機會極少。此處經文中天龍八部的天眾，以經中的常例，也多是指空居天的梵天眾、地居天的忉利天眾、四天王天眾，而忉利天及四天王天的天眾，都是手持金剛鈴的夜叉像。

忉利天主釋提桓因，即是夜叉眾中最高的夜叉王，夜叉之中高德者善行者稱為天，低層者行不善者，稱為鬼。其他諸部，都是高層天眾忉利天及四天王天的扈從者，或飛行於空中，或沉潛於水中，或居住於地面的深山大澤，當在有佛出世正法住世之際，便親近佛法，護持三寶。

有些場合的八部眾，他們本身就是諸佛菩薩的化現，例如唐譯八十卷本《華嚴經》的〈世主妙嚴品〉中，除了天龍八部眾是諸大菩薩，連一切山、河、海、水、火、草、稼、風、雲、晝、夜等的守護神，也都是已經「安立一切智道」的大菩薩。另如《法華經．陀羅尼品》中，有十名羅剎女及鬼子母等，也同聲說咒，永遠護持受持讀誦《法華經》者，那也是大菩薩的化現。以此類比，來集於《如來藏經》說法大會的八部眾，應該也是初地以上的大菩薩了，若係凡夫層次的鬼神等眾，是無法參與的。

這種特色，也就是通俗化的大乘佛教，不論是什麼形相的什麼身分，凡是接受、護持、弘通、現身說法的，都可能是菩薩摩訶薩。因此我於西元一九九九年九月二十一日臺灣大地震發生後，就對許多人說：「罹難者都是菩薩的現身說法，是我們的老師，救了我們的下一代。」

龍　梵文 Nāga，為畜類的水中之王，有時行雲布雨於空中。夜叉梵文 Yakṣa，新譯為藥叉，例如《藥師經》中的十二藥叉大將，便是夜叉，是飛行於空中的鬼神，為飛天的一種。

乾闥婆 梵文 Gandharva，意譯為香陰，他們唯依嗅聞香臭之味做為五陰之身，是帝釋天的音樂神。我們在敦煌的壁畫及雲岡的浮雕中，都可看到成群的樂隊演奏圖，或坐或飛或倒立，或彈或吹或打擊，便是乾闥婆眾了。

阿修羅 梵文 Asura，舊譯為無酒，新譯為非天、無端正，此一部眾，福報如天人，德行不像天人，故名非天。男性形貌醜陋，女性容貌美艷，男修羅眾常與帝釋天戰鬥，而又每戰必敗，躲入大海，或入藕孔。若皈信佛法，則為護法之神。

迦樓羅 梵文 Garuḍa，譯為金翅鳥，亦名大鵬，兩翅伸展，相去有三百三十萬里，已是無法想像其展翅的雄姿有多麼巨大！相傳此鳥以龍為食，皈信佛法後則以法為食。寺院迄今每於食時，尚有「出生食」的儀式，便是象徵著供養迦樓羅眾以及羅剎鬼子母眾。

緊那羅 梵文 Kiṃnara，舊譯為非人，新譯為歌神，身形似人而頭上有角，有被稱為人非人，是帝釋天的兩類音樂神之一，乾闥婆是演奏樂器的，緊那羅是歌手。在佛法中則是演唱佛法之神。

摩睺羅伽　梵文Mahoraga，譯為大蟒神、大腹行、地龍，也就是爬蟲類的蛇神。

二、如來神變

爾時世尊，於栴檀重閣，正坐三昧而現神變：

語譯

那時候，釋迦世尊在寶月講堂的栴檀樓閣，正坐而入三昧，即現神通變化。

註釋

世尊　梵語有兩個字，一是路迦那他（Lokanātha），另一是婆迦婆或婆伽婆（Bhagavat），佛陀具足萬德而為世間人天所尊重，是佛的第十種稱號。

三昧　梵語 samādhi 的舊譯，新譯為三摩提或三摩帝，是定及正受之意。定有小乘的四禪八定，大乘的楞嚴大定。佛陀宣說大乘經典，多半會先入定、放光、現神變，表示甚深難得不可思議。

神變 以如來的三昧力，能夠出神入化，妙變無方，變動一切物象。神者，內心的力量，變者，外在的現象，使人莫測其底細，稱為神變。如來有三種神變：1.說法神變，2.教誡神變，3.神通神變。一般所指，大抵是神通神變，此處也屬於第三種，因為前兩種是妙用佛的無礙大智，不是變化外物的現象。

有千葉蓮華，大如車輪，其數無量，色香具足，而未開敷。一切花內，皆有化佛，上昇虛空，彌覆世界，猶如寶帳。一一蓮花，放無量光，一切蓮花，同時舒榮。佛神力故，須臾之間，皆悉萎變。其諸花內，一切化佛，結加趺坐，各放無數百千光明；於時此剎，莊嚴殊特。一切大眾，歡喜踊躍，怪未曾有，咸有疑念：今何因緣，無數妙花，忽然毀變，萎黑臭穢，甚可惡饜？

語譯

這段經文是敘述描繪，如來所現神變的場面：有無量無數大如車輪的千瓣蓮花，出現在大眾之前，具足鮮麗的顏色和高雅的芳香，但是尚未綻放。每一朵蓮花之中，都有一尊變化而來的佛陀，從花中上升虛空，由於數量極多，諸佛匯集在空中，形成了一面無限大的寶帳一樣，把所有的世界全都覆蓋起來。每一朵大蓮花，也於同一時間舒展怒放，各別釋放無量的光芒。轉瞬之間，又由於如來的神通變化之力，使得全部的大蓮花，迅速枯萎。

原來在花內的無量化佛，則於空中，結加趺坐，各自放出無量百千萬數種種光明，一時之間，使得此一世界，莊嚴絕倫，殊勝無比。與會的一切大眾，見此景象，無不歡喜踴躍，都覺得是從來未曾見過的事，所以也使大家產生了疑念：今天究竟是什麼因緣，如來要現這樣的神變？無量化佛升空放光，又使出生化佛的每一朵蓮花，一時綻開，也忽然變壞，並且枯萎、焦黑、既臭且髒，令人討厭，是為什麼呢？

註釋

蓮華　即是蓮花，古印度有四種不同顏色的蓮花，故得四種不同的梵語名稱：1. 優鉢羅華（utpala）是青色。2. 拘物頭華（kumuda）是黃色。3. 波頭摩華

（padma）是赤色。4.芬陀利華（puṇḍarīka）是白色。若加另一種非赤非白的泥盧鉢羅華（nilotpala）共有五種，正好配上五色。在佛經中所用蓮華一名，通常是指白色的，所以《妙法蓮華經》，就是以白蓮華來形容該經的妙法，名為《薩曇分陀利經》（*saddharmapuṇḍarīka-sūtra*），中國民間宗教中的白蓮教，可能也是取喻於芬陀利華。此華於含苞、謝落、盛開的三時，亦各有一名，唯盛開的時段稱為芬陀利。傳說人間的蓮花的花葉，最多數十瓣，天上數百葉，佛國千葉，因此花體巨大，猶如「車輪」，可能也非人間的車輪，而是帝釋天的御駕車輪。

由於蓮花有生於汙泥而不為汙泥所染的特性，大乘佛法便是以蓮花的精神喻菩薩行者雖處世間廣度眾生，而不受世間的塵俗煩惱困擾。此在《維摩詰經．佛道品》即有如此的譬喻：「六十二見及一切煩惱，皆是佛種。……譬如高原陸地，不生蓮華，卑濕淤泥，乃生此華。……煩惱泥中，乃有眾生起佛法耳。」又以偈云：「火中生蓮華，是可謂希有。」這是讚歎菩薩道的難行能行，處身誘惑刺激等罪惡環境中，猶能守心不亂、正行不邪。

以此義延伸，相信佛國淨土的眾生，都是蓮花化生，諸佛菩薩的座位，也都是花落之後的蓮蓬台；其實是一種清淨智慧身的形容，並非實有蓮台為座。本《如來藏經》的這段經文，也是說花葉萎變，未說蓮蓬台摧圮，象徵著花開成佛，花落則如來藏的蓮實顯現。

唐太宗為玄奘三藏御製的〈聖教序〉中，也有以「蓮出綠波，飛塵不能染其葉」來譬喻玄奘大師的偉大人格。現今有不少大外道師，附佛法的新興宗教創教人，紛紛以坐在蓮花台上的姿態，造像讓信徒膜拜，真是愚癡可憐。

化佛　即是三身之中的化身佛（nirmāṇa-kāya）。化身佛的解釋有三種：1.由一尊釋迦牟尼佛的神力所變，顯現或多或少的化身，乃至千百萬億佛，例如本經所現者是。2.由報身的盧舍那佛，於千百億萬國，化現千百億萬尊釋迦牟尼佛，例如《梵網菩薩戒經》所說者是。3.諸佛以及諸大菩薩如觀世音、妙音、地藏、普賢等，都能各以神力，隨類示現種種身相，應化各類不同的眾生，例如《法華經》等所說者是。

結加趺坐　通常是用結跏趺坐，盤腿坐名為結跏，趺是足背，將左右兩足背結跏於左右兩髀（大腿）之上，稱為結跏趺坐。若僅以或左或右的一足足背，加於一髀之上，另一足置於大腿之下，名為半跏坐。全結跏趺坐，分有兩種：1.先以右足置於左大腿上，再以左足置於右大腿上，兩手亦左上右下交疊結法界定印名為降魔坐；2.先以左足置於右大腿上，再以右足置於左大腿上，兩手亦右上左下重疊結印，名為吉祥坐。中國禪宗多傳降魔坐，密宗的瑜伽行者多用吉祥坐。

為什麼要結跏趺坐？據說這是佛陀的坐法，釋迦世尊在菩提樹下成等正覺，即是用吉祥坐，手結降魔印。為何禪宗採用降魔坐而未取如來成道時坐法，尚待查考。另於《大智度論》卷七有云：「諸坐法中，結跏趺坐最為安穩不疲極。此是坐禪人坐法。」

其實以上這段經文，仍應屬於說法因緣，但其由於佛用神通變現萎花有佛，來譬喻眾生都能成為如來，不過如來藏尚被覆蓋在煩惱中，一旦蓮花開放，花葉萎落，蓮胎中的佛，便會昇在虛空，結跏趺坐，放無數光明，所以別立一目。

爾時世尊，知諸菩薩大眾所疑。告金剛慧：「善男子！於佛法中，諸有所疑，恣汝所問。」時金剛慧菩薩，知諸大眾，咸有疑念，而白佛言：「世尊！以何因緣，無數蓮花中，皆有化佛，上昇虛空，彌覆世界，須臾之間，皆悉萎變，一切化佛，各放無數百千光明，眾會悉見，合掌恭敬？」

語譯

當時的釋迦世尊，已知全體的菩薩摩訶薩們心中有疑，便對會中上首大菩薩之一的金剛慧菩薩示意說：「善男子唷！凡是對於佛法之中，有任何疑惑的問題，你都可以不必顧慮，儘管發問。」

那時的金剛慧菩薩，得到佛的授意，同時也知道與會的菩薩大眾，都有相同的疑念，便向世尊稟告說：「世尊啊！我們尚不明白，是什麼因緣，佛以神力變現的無數蓮花之中，一一都有化佛，上昇虛空，形成了寶帳似地，把所有的世界全部覆蓋了呢？又是什麼因緣，蓮花開放之後，立即又都枯萎敗毀了呢？又是什麼因緣，每一尊化佛，都放無數百千種光明呢？與會的大眾，全體都見到了，並且都對這些無數化佛，合掌為禮，以表恭敬。」

爾時金剛慧菩薩，以偈頌曰：

語譯

經中常以長行敘述及問答之後，就用偈頌，將長行的內容重複一遍，有時濃縮，有時增益，好讓持誦者，便於記憶。此處的金剛慧菩薩，即以重頌，把他問過的話，向佛再誦一遍。至於金剛慧菩薩的來歷，不易查考。

我昔未曾睹，神變若今日；
見佛百千億，坐彼蓮花藏。
各放無數光，彌覆一切剎；
離垢諸導師，莊嚴諸世界。
蓮花忽萎變，莫不生惡厭；
今以何因緣，而現此神化？
我睹恆沙佛，及無量神變；
未曾見如今，願為分別說。

語譯

這段偈頌的內容，與前面的長行無別，唯在用詞方面有些不同。語譯如下：

我從往昔以來都未曾見過，像今天這樣的如來神變；見到百千億尊化身諸佛，各各坐在他們的蓮花胎藏之中。昇空之後各各放光無量無數，彌漫覆蓋一切的諸佛國土；清淨離垢的諸大導師，普遍莊嚴了一切世界。

忽然之間蓮花萎謝了，與會的菩薩大眾莫不生起討厭之心；今天究竟是由於什麼因緣，釋迦世尊化現了如此的神變？我雖已曾見過多如恆河沙數的諸佛，也親見過諸佛的無量神變，就是未曾見到過今天這樣的場面，願求世尊為我們分別開演。

註釋

蓮花藏　梵文 puṇḍarīka-garbha，就是蓮胎，就是譬喻如來藏。眾生尚未成佛之前的菩提種或佛種，名為如來藏，成佛之後的如來藏，名為大覺的佛陀。用蓮花尚在含苞之時的蓮花藏，形容眾生的如來藏是被煩惱所淹沒的階段；一旦蓮花開放，花葉衰萎，便現出蓮台狀的蓮蓬，成熟的蓮子也出現了，以此形容及譬喻眾生的煩惱斷盡，如來藏中萬德莊嚴的如來，便光芒千萬地遍滿十方法界，那就是一尊一尊的諸佛，而非眾生了。

導師　引導人天進入佛法之門，趨向成佛之道者，稱為導師。在阿含部及律部，所用導師一詞，是指釋迦牟尼世尊。大乘經中則以導師做為佛及菩薩的尊稱，例如《法華經．序品》云：「文殊師利，導師何故，眉間白毫，大光普照？」導師是指釋迦世尊。《法華經．涌出品》則云：「是菩薩眾中，有四導師，一名上行，二名無邊行，三名淨行，四名安立行。是四菩薩，於其眾中，最為上首唱導之師。」導師是指四位上首的大菩薩。此處《如來藏經》中的「離垢諸導師」，非常明顯是對諸佛如來的讚揚。

莊嚴諸世界　是諸佛菩薩，以美善莊嚴依報國土，以功德莊嚴正報身心。《大般若經》處處都說菩薩道的修行者，目的是在莊嚴國土，成熟眾生；《無量壽經》的四十八願，願願都是為了莊嚴國土，成熟眾生；《阿彌陀經》就有「功德莊嚴」的經句。《大般涅槃經》卷二十七則舉出兩種莊嚴：「一者智慧，二者福德。若有菩薩，具足如是二莊嚴者，則知佛性。」若以六度的性質而言，第六度的般若波羅蜜，是智慧莊嚴，簡稱慧嚴；從第一的布施波羅蜜至第五的禪定波羅蜜，合為福德莊嚴，簡稱福嚴。慧足福足，便是兩足尊的佛了。

大乘經中，往往以具象的描寫，介紹佛國的莊嚴景象，例如《華嚴經》的彌勒樓閣，《無量壽經》及《阿彌陀經》的極樂世界，都是用豪華富麗的七寶施設，天宮一般的重重樓台，幡、幢、寶蓋、寶座、寶花、寶樹、鳴禽、寶池、寶網、寶階、寶台以及天樂演奏等，來形容淨土的物質建設；同時以佛法的功德，莊嚴淨土中的諸佛菩薩。這些應該屬於用來做為通俗教化的方便道，正如《維摩詰經．佛道品》所說：「先以欲鉤牽，後令入佛智。」此在西藏的密乘之中，特別重視，中國佛教的經懺門庭、香火道場、觀光寺院、民間宗教，多半也重視外觀的莊嚴，一般民眾大概都喜歡接受類此的聲色莊嚴。至於福慧二嚴，便不是世俗之人所能體會和實踐的了。

此經的莊嚴，確是智慧莊嚴及福德莊嚴。《華嚴經》說眾生皆具如來智慧功德，《涅槃經》說眾生悉有佛性，同是指眾生心中的如來藏。成佛之前是本性莊嚴以及用修持佛法來莊嚴國土成熟眾生；成佛之後，則以福慧兩足的無邊功德，光照十方，莊嚴諸佛世界。

三、萎花有佛喻

爾時世尊，告金剛慧及諸菩薩言：「善男子！有大方等經，名如來藏，將欲演說，故現斯瑞，汝等諦聽，善思念之。」咸言：「善哉！願樂欲聞。」

語譯

那時候，釋迦世尊向金剛慧菩薩等諸菩薩眾宣告說：「善良的男士們啃！有一部大方等經，名為如來藏的，我將要演說，所以顯現如此的祥瑞景象，你們要用心地聽，並且如其所聽而深深地思惟，憶念不忘。」

大家同聲回應說：「太好了！我們希望並且喜歡聽聞這部經。」

佛言：善男子！如佛所化，無數蓮花，忽然萎變，無量化佛，在蓮花內，相好莊嚴，結加趺坐，放大光明，眾睹希有，靡不恭敬。

語譯

釋迦牟尼佛說：善良的男士們唷！像剛才佛陀以神變所化現的無數蓮花，綻開之後，雖然瞬息之間便萎謝而變成臭穢可厭之物，但在蓮花之內，出現了無量無數的化身如來，具足三十二種莊嚴身相，八十種隨形之好，昇在虛空的蓮台之上，結跏趺坐，各放無數百千光明。大眾見了如此難得稀有的神變，沒有一位不起恭敬心的。

註釋

相好莊嚴　是指佛的父母所生身，有如轉輪聖王，具足三十二種大人之相，加上八十種隨形之好，故稱為佛的相好莊嚴身。

相好的梵文是 lakṣaṇavyañjana，相是大相莊嚴，好是莊嚴大相的小相莊嚴。佛的報身，則具八萬四千相好乃至無量相好。此類相好莊嚴，雖與前面介紹的福慧二種莊嚴不同，然於《觀無量壽經》有云：「心想佛時，是心即是三十二相八十隨形好。」可知用心觀想佛時，此心即是如來相好莊嚴，也可解釋成為：眾生心中，本具如來的內外莊嚴，故名為如來藏。

此心觀佛，是心即佛。這也是我們提倡人間淨土的經證之一，凡能於一念之間，念佛名號、想佛相好、觀佛功德者，即此一念，便同諸佛，同住淨土，何況念念之間，常常念佛、想佛、觀佛呢！無怪乎彌陀淨土的法門，有十念往生之說，應該是可信的。

如是善男子！我以佛眼觀一切眾生，貪欲恚癡，諸煩惱中，有如來智、如來眼、如來身，結加趺坐，儼然不動。善男子！一切眾生，雖在諸趣煩惱身中，有如來藏，常無染汙，德相備足，如我無異。

語譯

就是這樣，善良的男士們唷！以我釋迦如來所具的佛眼，觀察到一切眾生，在各自的貪欲、瞋恚、愚癡等無量煩惱之中，也都有如來的一切智、如來的佛眼、如來的莊嚴相好身，結跏趺坐於七寶座上，儼然不動。善良的男士們唷！必須明白，一切眾生，雖然尚在天、人、傍生、餓鬼、地獄等五趣的煩惱身中，確也都有如來藏，從來不受煩惱染汙，並且具足如來的智慧德相，跟我釋迦牟尼佛完全相同。

註釋

佛眼是五眼之一，最高為佛眼，佛也同時具備前四眼。五眼的次第是：

1. 肉眼：是父母生的色身所具。
2. 天眼：原則是色界的禪定天人所具，人類也可藉修禪定而得天眼，欲界諸天人，也有若干程度報得的天眼，不論遠近、大小、晝夜，以及未來，都能看到。
3. 慧眼：二乘的聲聞及緣覺聖者所具，見四聖諦理，明苦、空、無常、無我的智慧。
4. 法眼：是初地以上菩薩，已得六根清淨，已證無生法忍，已登不退轉位，能照見一切法門，來廣度眾生的智慧。
5. 佛眼：是大覺世尊一切智人的智慧之眼，照了諸法實相，圓滿前四種眼的一切功能。

古人解釋，前四眼是別，佛眼是總；其實前四眼的功能都有限，唯有佛眼的功能無限。

貪欲、恚、癡 總名為三毒，或名為三根，此三種煩惱，是生起一切惡業的根本。

貪欲心，是貪得無厭，對於一切順境，永遠貪求追取，沒有止盡，不僅為了滿足生理的欲望，主要是追求滿足心理的貪著。所謂欲壑難填，不僅為了需要，主要是為了想要的占有欲。因此我提出「四要」的方法，來幫助大家對治貪毒：「需要的才要，想要的不重要，能要該要的才要，不能要不該要的，絕對不要。」

瞋恚心，是憤怒怨懟不慈悲，對於一切逆境，永遠記恨，不能釋懷，不僅恨人一生，乃至懷恨含怨至死。不論有理無理，不問是對是錯，凡是不能隨順己意者，不能如己所願者，便起瞋恚不平之心。一般人所說的「小不忍則亂大謀」，便是由於不能抑制一時的怒火爆發，不一定會傷害人，自己則必定會受損失。因此我提供了「四感」的方法，來幫助大家對治恚毒：「感恩順逆因緣使我們成長，感謝給我們奉獻服務的機會。用佛法及倫理的軌範感化自己，以謙虛、尊重、友善的行為感動他人。」

愚癡心，是不信因果、倒因為果、倒果為因，希望不勞而獲，希望不負責任；

愚癡也是不明因緣，不知隨順因緣的順勢而為、因勢利導，不知促成因緣、創造機會，並且不知化危機為轉機。只知自高自大，一味地堅持己見，死命地不肯適應環境狀況；使得自己覺得，又似非常渺小，經常坐困愁城，總是處處有鬼打牆，時時有人扯腿，自哀自嘆，生不逢辰，命途多舛！

因此我提出「四它」的方法，來幫助大家對治癡毒：「面對它，接受它，處理它，放下它。」面對現實，必須學取經驗；接受現實，必須盡職負責；處理現實，必須盡心盡力；放下現實，乃是事過之後，不論解決或未解決，均宜如鳥行空，不留痕跡。這樣才能使你左右逢源，著著是活棋、處處有生路、時時遇貴人，這樣才能使你轉變愚癡而成智者。

除了用四要、四感、四它來分別對治三毒之外，還當以四福及四安，來增益人生，莊嚴人間的社會，莊嚴內心的世界。以「四福」來莊嚴人間社會是：「知福才能知足常樂，惜福才能經常擁有，培福才會增長幸福，種福才會人人有福。」同時當用「四安」來提昇人品：「安心的要領是少欲知足，安身的要領是勤勞節儉，安家的要領是相愛相助，安業的要領是清淨精進。」

以上便是我在一九九九年提倡推廣的「心五四運動」，目的就是為了對治眾生（人）的三毒，促成人間淨土的福慧莊嚴。心五四運動的內容，是以人心觀念的改善為著眼，以社會環境的改善為目標，因此，我們法鼓山最先提出心靈環保的運動，接著配套推出禮儀環保、生活環保、自然環保的運動，用來協助今日世界各國共同推動的環保意識，並且提醒世人：環保的主要問題是在於自私的人心所造成，擒賊宜先擒賊王，環保宜先從心靈的正本清源做起，所以我們具體地提出了心五四運動的主張。

如來智　能含三智：1.聲聞及緣覺的二乘聖者得「一切智」，知一切法總相是空相；2.聖位的菩薩得「道種智」，知一切種種的差別道法；3.諸佛得「一切種智」，通達一切道法的總相別相，是圓滿具足的智慧莊嚴。

佛智又名「一切智」，例如《法華經．化城喻品》云：「為佛一切智，當發大精進。」《法華經．藥草喻品》亦云：「我（佛）是一切知者。」《大智度論》卷二十七云：「復次後品中，佛自說一切智是聲聞辟支佛事，道智是諸菩薩事，一切種智是佛事。」以此可知，《般若經》的一切智是二乘聖者事，《法華經》的一切智是佛事。諸佛具足三智，圓滿三智。故對二乘說，只得一切智，是了知諸法總相；對佛說一切智，是了知一切法的總相別相。

嘉祥的《法華經義疏》卷一說《般若經．三慧品》云：「知一切法一相故，名一切智，又云知種種相故，名一切種智。」此在《十八空性論》說佛有二智：1.如理智，即無分別智，2.如量智，即無分別之後智。因此《成唯識論》，將如理智稱為根本智，將如量智稱為後得智。緣真諦之理者為根本智，了俗諦之相者為後得智，根本智斷惑證真，後得智應化無方。其實也可與一切智、一切種智的內容相通。三智中的道種智，即是尚未圓滿的一切種智。故此「種」字，是林林種種各式各樣的差別之義，不是種子及播種之義。

又善男子！譬如天眼之人，觀未敷花，見諸花內，有如來身，結加趺坐，除去萎花，便得顯現。如是善男子，佛見眾生如來藏已，欲令開敷，為說經法，除滅煩惱，顯現佛性。善男子！諸佛法爾，若佛出世，若不出世，一切眾生如來之藏，常住不變；但彼眾生，煩惱覆故，如來出世，廣為說法，除滅塵勞，淨一切智。善男子！若有菩薩，信樂此法，專心修學，便得解脫，成等正覺，普為世間，施作佛事。

語譯

這段經文，是本則萎花有佛喻的中心所在，其中「一切眾生如來之藏，常住不變」一句，乃是中心的中心，要讓一切眾生堅定信心，相信人人必能成佛。語譯如下：

還要向你們諸位善良的男士說，譬如有人已得天眼通，觀看未開的蓮花蕾，即預見花內已有蓮實一樣，眾生煩惱花內，即有如來的相好之身，結跏趺坐，等待煩惱的花開葉萎，如來立即顯現。

就是這樣，善良的男士們唷！我釋迦牟尼，見到一切眾生皆有如來藏之後，就要使得他們的蓮花開敷，為大家演說經法，令大家除滅醜陋臭穢的煩惱，猶如蓮花的葉瓣萎謝，顯露出如來藏中的清淨佛性。

善良的男士們唷！諸佛之法，本來就是現成的，不論有佛出世，或者無佛出世，一切眾生本具的如來之藏，永遠常住於眾生心中，是不會有變化的。但是那些世間的眾生，由於清淨的佛性被煩惱覆蓋了，所以要有佛出世，處處說法，使得眾生修學佛法，除滅汙亂身心的煩惱塵勞，清淨本具的佛智。

善良的男士們唷！只要有哪位信受喜樂這種佛法的菩薩，專心修學這種佛法，便能從一切煩惱獲得解脫，並且能夠完成佛的正等正覺，普遍地為世間眾生說法，做最上布施的佛事。

註釋

佛性 如來藏的異名，亦稱為佛界（buddha-dhātu），是指一切眾生皆有覺悟之性。性是本性，恆常不會改變；又是真如，也是法性，是永遠如此，普遍如此的。《華嚴經》卷三十九云：「佛住甚深真法性，寂滅無相同虛空。」可見佛性是與空性同義。《涅槃經》卷二十七有云：「一切眾生，悉有佛性，如來常住，無有變易。」本經此段之中的「如來之藏，常住不變」，和佛性常住不變，是完全相同的。眾生未成佛時，名之為如來藏及佛性，眾生成佛之後，名為如來、名為佛。

《涅槃經》有「三因佛性」的設立：1.正因佛性，是離一切邪非的真如，能成就法身的果德。2.了因佛性，是照了真如的智慧，能成就般若的果德。3.緣因佛性，是緣助了因，開發正因的一切善根功德，能成就解脫的果德。古來註釋家，有用土內藏金來比喻《涅槃經》的三因佛性。眾生的佛性，非一切天魔外道所能破壞，如土藏金，金性永不變壞，稱為正因佛性；如人能知金藏，此智不可破壞，名為了因佛性；一切善根功德，資助開顯正因佛性，如掘金出土，名為緣因佛性。

法爾　常被用作「諸佛法爾」及「法爾如是」等句，是遍於一切法的法性，在眾生（主要是人）為佛性，在諸佛為法身。也是指的《大乘起信論》所說「離言真如」，《華嚴經》等的法界，自性清淨心的存在，是天然的，不假造作的。若佛出世，若佛不出世，若知佛法，若不知佛法，若有修行，若無修行，佛性如來藏，恆常不變，名為法爾。修集無量功德，種植無量善根，均與佛性如來藏的質量之存在無關，但能藉助於善根功德，顯現常住不變的、法爾如是的佛性如來之藏。

塵勞　煩惱的異名，煩惱能染汙眾生的清淨真性。塵是塵垢，勞是勞累，煩惱染心如塵垢覆鏡，勞累眾生從生至生不得解脫。通稱人的煩惱之多，其數無盡，印度的大數，多用八萬四千，涵蓋一切數量，故稱八萬四千塵勞，《法華經．見寶塔品》，則有：「持八萬四千法藏」的經句，意謂以八萬四千法藏，對治八萬四千塵勞。

爾時世尊，以偈頌曰：

譬如萎變花，其花未開敷，

天眼者觀見，如來身無染。
除去萎花已，見無礙導師，
為斷煩惱故，最勝出世間。
佛觀眾生類，悉有如來藏，
無量煩惱覆，猶如穢花纏。
我為諸眾生，除滅煩惱故，
普為說正法，令速成佛道。
我已佛眼見，一切眾生身，
佛藏安隱住，說法令開現。

語譯

當時的釋迦世尊，再以偈頌復述如下：

用萎謝的蓮花葉片作譬喻，當花還沒有開放之時，若有人能以天眼通來觀看，便可見到花中的如來身相清淨無染。只要去除了萎謝的花片，便可見到已證無礙智慧的大導師了，為了斷除眾生心中的煩惱，所以最殊勝的如來出現在世間。

以佛的智慧之眼觀察一切眾生，一一皆有如來之藏在他們身中，只因為有無量的煩惱隱覆，就好像是被許多的萎花葉片所纏。我今是為了一切眾生，除滅各自的種種煩惱，普遍為大家宣說佛的正法，使得所有眾生早日成佛。我以佛的智慧之眼看見，一切眾生身中，各有佛藏安穩地常住，因此說法令使花開佛現。

註釋

無礙導師　導師一詞，已在前面介紹，是諸佛及大菩薩的尊稱，依據《法華經．化城喻品》所說的導師，既是旅行隊伍的嚮導，也是佛的譬喻。至於「無礙」一詞是形容此處所指已得無礙智慧的大導師，即是佛陀世尊。在《維摩詰經．佛國品》有：「心常安住無閡（同礙）解脫。」，是已入不二法門的得大自在。《大智度論》卷二十五說有四無礙智：「義無礙智、法無礙智、辭無礙智、樂說無礙智。」亦名四無礙辯、四無礙解，是八地以上的菩薩摩訶薩及諸佛所得智，主要是能廣宣佛法，運用之妙，存乎一心，不論說有說無、說理說事、說譬喻、說因果，無一不是恰到好處的正說與如實說。

最勝　在《無量壽經》卷上，也有「今日世英，住最勝道」的經句，是指住於無上菩提，也就是佛的另一種尊稱。例如最勝遍知，便是無上正等正遍知覺的佛。《無量壽經》在同一處稱佛為世尊、世雄、世眼、世英等，都是住佛所住之意；最勝道與佛所住、導師行、如來德等並用。

四、群蜂繞蜜喻

復次善男子！譬如淳蜜在巖樹中，無數群蜂，圍繞守護。時有一人，巧智方便，先除彼蜂，乃取其蜜，隨意食用，惠及遠近。如是善男子！一切眾生，有如來藏，如彼淳蜜，在于巖樹，為諸煩惱之所覆蔽；亦如彼蜜，群蜂守護，我以佛眼，如實觀之，以善方便，隨應說法，滅除煩惱，開佛知見，普為世間，施作佛事。

語譯

此喻也是說明，眾生的如來藏被煩惱掩蔽了，如來說法，便是教導眾生如何滅除煩惱，開佛知見。語譯如下：

善良的男士們唷！讓我再說一個譬喻，例如有一堆純淨的好蜜，在巖壁上的樹洞之中，有數不清的蜜蜂，成群地飛舞圍繞，牢牢地守護著。當時正好有一位懂得如何捕除這些蜜蜂的人，輕而易舉地就取得了全部的蜂蜜，除了自己隨意享用，同時也分送給遠處與近邊的親友。

就像這樣，善良的男士們唷！一切眾生都有如來之藏，跟那些純淨的蜂蜜一樣，都被藏於巖壁的樹洞之中，尚被無數無量的煩惱群蜂，圍繞遮蔽，層層守護，不見佛性之蜜，但見煩惱之蜂。以我釋迦牟尼佛的智慧之眼，就能確實見到，因此要以善巧方便，隨著眾生的根器，宣說成佛的正法，滅除眾生的煩惱，使得依教奉行佛陀正法的眾生，開啟佛的所知所見，然後也同我釋迦如來一樣，普為世間一切眾生說法，做最上布施的佛事。

註釋

方便　梵文 upāya，音譯漚和。這段經文，兩度用了方便一詞，一般而言，是指通權達變，稱為權巧方便，或為善巧方便。為使眾生接受佛法，修學佛法，可用種種技巧、種種方式、種種因緣、種種工具、種種名相分別，諄諄善誘，都可名為方便。《法華經．方便品》有云：「如來能種種分別，巧說諸法，言辭柔軟，悅可眾心。」即是以方便說法。至於諸法實相，則「唯佛與佛，乃能究盡」。諸佛所證的真實法，是實相無相，離四句絕百非的不可思議境界，諸佛凡有說法，無非權巧方便，應病處方給藥，沒有定法，所以《法華經．方便品》云：「諸佛所得法，無量方便力，而為眾生說。」因此，方便之義，可有兩層：第一義的真實法，無法可說，凡有所說盡是方便法，包括八萬四千法門。

又在方便法中可分作難行道的智慧精進門，易行道的信願慈悲門，此於龍樹的《十住毘婆沙論》卷五，有如此的看法：「或有勤行精進，或有以信方便。」前者為難行道，後者為易行道。修六度萬行，歷無數劫成佛，是難行道的智慧精進門，修念佛功德，求生西方淨土，早得阿鞞跋致（不退轉位），是易行道。除了阿彌陀佛淨土的念佛法門是易行道，《法華經》主張的「若於曠野中，積土成佛廟，乃至童子戲，聚沙為佛塔，如是諸人等，皆已成佛道」，以及塑畫佛、歌唄佛功德、一花供佛像、散心一稱南無佛等，都已成就了佛道。如此種種，也都是無量方便法門中的易行道。

「開佛知見」此一經句，也在《法華經．方便品》見到：諸佛世尊出現世間，是為「欲令眾生開佛知見」，接著還有「示佛知見、悟佛知見、入佛知見道」。依天台智顗的《法華文句》卷四說：「佛以一切種智知，佛以佛眼見，開此智眼，乃名佛知見。」古來有註釋家以為，獲得佛知見，有四個次第：菩薩於十住位，初斷一分無明，得少分佛知見，名之為開佛知見；初地為示佛知見，八地為悟佛知見，十地之後至佛位，名為入佛知見道。

爾時世尊，以偈頌曰：

譬如巖樹蜜，無量蜂圍繞，
巧方便取者，先除彼群蜂。
眾生如來藏，猶如巖樹蜜，
結使塵勞纏，如群蜂守護。
我為諸眾生，方便說正法，
滅除煩惱蜂，開發如來藏。
具足無礙辯，演說甘露法，
普令成正覺，大悲濟群生。

語譯

當時的釋迦世尊，再以偈頌復述如下：

就像藏在巖壁樹洞之中的純蜜，被無量無數的蜂群圍繞守護著的那樣，若有技巧高明的人取蜜，首先是將那些蜜蜂驅除。一切眾生本具的如來藏，也像是巖壁樹洞的純蜜一樣，被無盡的煩惱結使塵垢勞累纏繞，就像樹中之蜜被無數的蜂群守護。

因此我要為一切眾生，方便演說佛陀的方等正法，使諸眾生滅除心中的煩惱之蜂，開發如來的智慧蜜藏。具足四種無礙智辯，演說不死的甘露佛法，普令眾生成等正覺，以大悲心慈濟眾生。

註釋

結使　結、使、塵勞，都是煩惱的異名。以煩惱為因而結集生死果報，故名煩惱為結。又以有煩惱的繫縛，使眾生不得解脫，故名為結。總之，結為生死之因。斷三結，便證聲聞的初果，名為預流果，所謂三結是：1. 見結，為我見，2. 戒取結，為持邪戒，3. 疑結，為疑正理。此三結總名為見惑。

又有五結：1.貪結，貪著生死法之煩惱；2.恚結，對於違背己情而起憤怒之煩惱；3.慢結，恃己凌他之煩惱；4.嫉結，妒他盛榮之煩惱；5.慳結，慳惜財物之煩惱。

另有五下分結、五上分結：1.「五下分結」，是三界中的欲界結，包括貪欲結、瞋恚結、身見結、戒禁取結、疑結；離此五結，便超脫欲界煩惱。2.「五上分結」，是色界及無色界結，包括色愛結，貪著色界禪定中之五妙欲；無色愛結，貪著無色界四空定之境界；掉結，色界及無色界眾生仍會心念掉動，退失禪定；慢結，色界及無色界眾生，尚有自恃而凌他之煩惱；無明結，色界及無色界眾生，仍有無明癡闇，所以未能解脫。

通常，結、使二字都是連用的。使是一種譬喻，如世間奉法令監管罪犯的獄吏，名為公使，讓罪犯繫於牢獄，不得自由。煩惱亦然，纏縛眾生，不得解脫。一般而言，共有十種根本煩惱，名為「十使」：1.貪欲，2.瞋恚，3.無明，又名愚癡，4.慢，5.疑，6.身見，又名我見，7.邊見，8.邪見，9.見取見，10.戒禁取見。此十項又名十根本煩惱、十大惑、十隨眠等。

十使中的後五項，名為五利使，身見至戒禁取見的五見，但迷四聖諦的理性而起，惑性銳利，屬於見思二惑（一名見修二惑）中的見惑，在見道位一時頓斷，故名見惑。十使中的前五項，名為五鈍使，貪欲至慢的四種根本煩惱，於世間之事物起迷執之惑，疑使雖就四聖諦之真理起惑，以其猶豫不決的自性而言，仍屬於鈍使。此五鈍使，要在見道之後的修道位上逐漸分斷，故名思惑亦名修惑。

甘露法　甘露的梵語是阿蜜哩多（amṛta），是一種天酒、美露。《金光明經文句》卷四云：「甘露是諸天不死之神藥，食者命長身安，力大體光。」如來說法，能令眾生，出生死海，得涅槃樂，故在《法華經．普門品》有「澍甘露法雨，滅除煩惱焰」的經句，《涅槃經》卷二也有「如來甘露法雨」之句。可知甘露法的譬喻，即是佛法的異名。

五、糠檜粳糧喻

復次善男子！譬如粳糧，未離皮檜，貧愚輕賤，謂為可棄，除蕩既精，常為御用。如是善男子！我以佛眼觀諸眾生，煩惱糠檜，覆蔽如來無量知見；故以方便，如應說法，令除煩惱，淨一切智，於諸世間，為最正覺。

語譯

此一譬喻，將煩惱喻作稻米的皮殼，將眾生身中的如來藏喻作米去皮殼之後的白米。如來說法，就是為向眾生指出這樣的事實。語譯如下：

善良的男士們啃！給大家再說一個譬喻吧！例如粳糧，在尚未去除皮檜之時，對於愚癡貧窮而未見過如何去皮出米的人來說，便認為那是應該丟棄而無用的東西；可是經過除皮去糠篩選乾淨之後，那經常是供給王者御用的食物。

就是如此，善良的男士們啃！我以佛的智慧之眼，觀見一切眾生，都是由於煩惱的糠繪，覆蔽了各自身中的如來知見；所以用種種善巧方便，照著眾生不同的根性，為他們演說佛法，令使眾生去除煩惱，清淨如來的一切智，於各各世界的人間成佛。

註釋

糠檜粳糧 糠繪是稻穀的皮殼，粳糧是去除皮殼之後的大白米。通常將稻穀的外殼稱為粗糠，大白米的細皮，稱為米稃，此處的糠繪，指的是粗陋的皮殼。至於粳糧，便是米糧。粳是稻的一種，原名「秔」，也就是顆粒較大的白米，是通常食用的秈米；另一種便是顆粒較小富有黏性的糯米。距今數千年前的印度恆河流域，農耕已經非常發達，且以稻米為主要的上膳。

爾時世尊，以偈頌曰：

譬一切粳糧，皮繪未除蕩，

貧者猶賤之，謂為可棄物。

外雖似無用，內實不毀壞，
除去皮檜已，乃為王者膳。
我見眾生類，煩惱隱佛藏，
為說除滅法，令得一切智。
如我如來性，眾生亦復然，
開化令清淨，速成無上道。

語譯

當時的釋迦世尊，再以偈頌復述如下：

譬如一切的稻米，當其尚未去除糠殼之時，連那些不識貨的貧窮人都輕賤它，以為是應該丟棄的無用之物。

從稻穀的外相看來雖似無用，稻殼內部的白米是不會壞的，一旦除去了皮殼之時，貴為王者的人也食用它。

我見各類眾生，被煩惱隱覆了佛性如來藏，便為演說除滅煩惱的正法，讓大眾得到佛一切智。

就像我有如來之性，眾生亦是跟我一樣，開示化導使得煩惱清淨，速疾成就無上的佛道。

六、金墮不淨處喻

復次善男子！譬如真金，墮不淨處，隱沒不現，經歷年載，真金不壞而莫能知。有天眼者，語眾人言：此不淨中，有真金寶，汝等出之，隨意受用。如是善男子！不淨處者，無量煩惱是；真金寶者，如來藏是；有天眼者，謂如來是。是故如來廣為說法，令諸眾生除滅煩惱，悉成正覺，施作佛事。

語譯

此一譬喻，將煩惱喻作不淨處，將眾生本具的如來藏喻作真金，將佛喻作具有天眼的人，告知眾生早除煩惱速現佛性。語譯如下：

善良的男士們，再為大家說一個譬喻吧！例如有一大包真金，多年之前被一位富人不小心失落在不淨的糞坑裡，就被糞便等不淨之物隱沒起來看不見了，不論經歷多少年代，在不淨中的真金雖未變壞，卻已無人知道有這樣的事了。結果來了一位具有天眼通的人，告訴大家說：「在此不淨的糞坑之中，有一包真金的寶物，你們取出來隨意地花用吧！」

也就是如此，善良的男士們唷！我說的不淨處，是譬喻眾生心中的無量煩惱；我所說的真金寶物，是譬喻眾生身中的如來之藏；我所說的有天眼通的人，是譬喻如來出世為眾生說法。如來因此要為大眾普遍演說正法，令一切眾生都能除滅心中的煩惱，成就正等正覺，普施佛法而作佛事。

註釋

不淨處　從經律中所見的不淨處及不淨物，範圍相當廣泛，凡是被生活中視為不潔的，都名為不淨，主要是指大小便坑、垃圾堆、棄屍場等，均為不淨處。人的身體各種穢垢、各種器官、各種內臟，各種分泌物，包括體垢、牙垢、汗液、唾液、淚水、精液、月經、膿血、皮、肉、骨、髓、筋、脈、毛、髮、齒、爪、肝、膽、腸、胃、心、肺、脾、腎等，所謂三十六物，都是不淨的。也就是說，凡是人體，以及由人類的生活造成的環境汙染，都是不淨處及不淨物。

進一步說，人類是自然環境遭受汙染的最大原因。古代的不淨處及不淨物範圍雖廣，遠不及現代人類的科技文明對大白然的汙染，已可說是躲無可躲，防不勝防。除了日常生活中製造的廢棄物汙染之外，尚有醫療用品汙染、農業汙染、工業汙染、商品汙染，使得水資源、土壤資源、空氣資源、各種物種資源，都已受到了汙染。因此連帶日常必需的果菜、穀類等食物也多多少少受到了汙染。

古代的不淨處與不淨物，尚可轉化為肥料及土壤，讓人類循環使用，永續使用。如今受到科技化學廢棄物、輻射廢棄物等汙染了的處所及物品，遺毒之深且巨，遠非古代佛經中所稱的不淨處可比了！也因為如此，我們要積極推廣四種環境保護運動，以免不淨的狀況持續地惡化下去。

爾時世尊，以偈頌曰：

如金在不淨，隱沒莫能見，
天眼者乃見，即以告眾人。
汝等若出之，洗滌令清淨，
隨意而受用，親屬悉蒙慶。

善逝眼如是，觀諸眾生類，
煩惱淤泥中，如來性不壞。
隨應而說法，令辦一切事，
佛性煩惱覆，速除令清淨。

語譯

當時的釋迦世尊，再以偈頌復述如下：

譬如有一堆真金被隱沒於不淨之處，一般人都無法看見，來了一位有天眼的人，便將這個消息告知了大家：你們如果取出真金，只要經過清洗乾淨，就可隨意受用真金的財富，而且也能讓諸親友受惠慶幸。

善逝的如來佛眼也是如此，觀察一切眾生之類，雖處於煩惱淤泥之中，如來藏的佛性永遠不壞。隨應眾生的根器而說正法，令使大家都能成辦一切智的佛事，去除覆蔽了佛性的煩惱，快速地使得它畢竟清淨。

註釋

善逝　梵名須伽陀（Sugata），又譯為好去，是如來的十種尊號之一，排名第五，是跟如來一名對稱的。如來是乘如實之道來此娑婆世界，善逝是如實去至生死的彼岸，從生死海中退沒。以此二名，形容佛是來往自在，生死涅槃，都是一樣的，稱為無住涅槃，即是如來如去、如如不動。

七、貧家寶藏喻

復次善男子！譬如貧家，有珍寶藏，寶不能言，我在於此；既不自知，又無語者，不能開發，此珍寶藏。一切眾生，亦復如是，如來知見，力無所畏，大法寶藏，在其身內，不聞不知，耽惑五欲，輪轉生死，受苦無量。是故諸佛，出興于世，為開身內，如來法藏，彼即信受，淨一切智，普為眾生，開如來藏，無礙辯才，為大施主。如是善男子！我以佛眼，觀諸眾生，有如來藏，故為諸菩薩而說此法。

語譯

善良的男士們唷！再為你們說一則譬喻，例如在一戶貧窮人家，有一個寶藏，藏有大批的珍寶，可惜已經無人知道。那個寶藏，既不自知是寶藏，也無人傳說有寶藏，那戶貧窮人家，便不可能開發此一珍寶之藏。一切眾生，也就像那個貧窮人家一樣，不知本來具足佛的知見，以及十力四無所畏等的大法寶藏，就在眾生身內。由於不聞不知，以致一味地耽著於五欲的煩惱之惑，輪轉於生死之海，受苦無量。

由於這樣，才有諸佛出興世間，為眾生說法，勸勉眾生打開自己身內的如來法藏；使彼眾生，聞即信受，淨一切智，亦皆普為一切眾生，開啟如來之藏，具足無礙辯才，成為偉大的施主。

就是這樣的，善良的男士們唷！我釋迦牟尼佛以佛眼觀照一切眾生，都有如來法藏，因此要為你們諸位菩薩，宣說此法。

註釋

力無所畏　佛的力用有十種，稱為十力；佛的化他之心，無畏無懼，共有四種，名為四無畏，亦名四無所畏。已登無功用菩薩位的大菩薩，也有力無所畏，只是不及佛的圓滿。

十力的內容是：1.知覺處（道理）非處（非道理）智力，是對一切物的如實知覺。2.知三世業報智力，是對一切眾生三世因果業報的如實覺知。3.知諸禪解脫三味智力，是對各種禪定、八解脫、三三昧等的如實覺知。4.知諸根勝劣智力，是對一切眾生的根性勝劣、得果大小的時節因緣，都能如實覺知。5.知種種解智力，是對一切眾生的種種知解，都能如實知覺。6.知種種界智力，是對世間眾生的種種境界不同而能如實普知。7.知一切至所道智力，是對世間一切眾生，各各修持五戒、十善、八正道等法門的因行，而至人間、天上及涅槃解脫等有漏、無漏的果報，都能如實普知。8.知天眼無礙智力，是能以天眼，如實觀知，一切眾生生死及善惡業緣而無障礙。9.知宿命無漏智力，能以宿命智，對一切眾生過去生死以及無漏的涅槃功德，如實覺知。10.知永斷習氣智力，是對自己的一切妄惑餘氣，能使之永斷不生，如實覺知。十力詳細的說明可見《大智度論》卷二十四、《俱舍論》卷二十九。

四無所畏，有佛及菩薩不同的兩種。如來的四無所畏見於《大智度論》卷四十八、《俱舍論》卷二十七：1.一切智無所畏，是指如來於大眾之中，作獅子吼，而言「我為一切智人」，無有怖畏之心。2.漏盡無所畏，是指如來於大眾之中，作獅子吼，而言「我斷盡一切煩惱」，無怖畏之心。3.說障道無所畏，是指如來於大眾之中，作獅子吼，而說「障害佛道之法」是什麼，無怖畏之心。4.說盡苦道無所畏，是指如來於大眾之中，作獅子吼，宣說「盡苦之道」是什麼，心無怖畏。

菩薩的四種無畏，見於《大智度論》卷五：1.總持不忘說法無畏，2.盡知法藥及知眾生根欲性心說法無畏，3.善能問答說法無畏，4.能斷物疑說法無畏。

由此可知，不論是佛是菩薩，四無所畏都是指說法無畏。因此而有中國古人主張，未得神通，不宜說法。這是過分強調佛菩薩的果位功德所致，查考歷代善知識而被尊稱為三藏法師的，尤其是中印各宗各派的大宗師們，極少有人是以神通力觀察聽眾根性之後才說法的。何況《法華經》也特別強調為他人說法的功德。

五欲　有兩類：1.是指色、聲、香、味、觸的五塵境，能使人生起貪愛欲取之心，是通過眼、耳、鼻、舌、身的五根，對五塵境產生貪著的煩惱之心，故名五欲，又名五妙欲，通欲界、色界。2.是指財物欲、男女色欲、名欲、飲食欲、睡眠欲，僅於三界中的欲界有之。凡是想要而非必須的需要，都屬於心理的貪欲，是占有的貪得無厭，名為五欲。

修道之人，同樣也有五根對五塵境，同樣也不能不擁有最起碼的資生衣物醫藥，也會需要最簡單的飲食及適量的睡眠，除了可以修梵行而離男女性的交接，也可能有實至名歸的名聲。只要不以染著心貪求多求，不是占有，不是名不副實的虛榮，便是少欲知足，便能知足常樂。否則便如《大智度論》卷十七所說「五欲燒人，如逆風執炬」了。

大施主　是指究竟佛果位的如來。施的梵語是檀那（dāna），是慈悲的表現，對眾生有大慈悲，即是因為行大布施。佛的果德，是悲智兩足，智足為大智的究竟覺者，悲足為大悲的大施主。布施是六度之中最容易做的，若能樂於布施，不僅增長慈悲心，也能增長智慧，更能增長尊重、恭敬、感恩之心。只要願行布施，此人即能精進、節儉、知慚愧、少欲知足、少煩少惱、增長智慧。所以真有智慧之人，必定會多行布施，為行布施，必定精進增長其所擁有，必定是少欲知足、離苦得樂的智者。

如來處處鼓勵布施行，富有者當布施，貧窮者亦當布施，有勢力有智慧者當行布施，少力少智者亦當布施。中國的老子也說「既以為人己愈有，既以與人己愈多」。所有偉大的人格，無不是從奉獻自己的所有以成就他人的福利而來。因此，布施波羅蜜，列為六度萬行菩薩道的首要項目。

《成唯識論》卷九云：「施有三種，謂財施、無畏施、法施。」財施是以財物布施，不論無財有財、少財多財，均應布施。釋迦世尊時代，貧者如乞丐女以一燈供佛，也為佛所讚歎；大富長者男及大富長者女，以整座的園林精舍供養，也受佛陀讚歎，均有大功德。無畏施是施與眾生脫離恐怖畏懼，也就是能為眾生所依怙，這就不是普通少財少智少力者所能做的布施，例如《法華經．普門品》的觀世音菩薩，被稱為施無畏者，因為菩薩能做眾生依怙，有求必應，恰到好處。

法布施則是諸佛菩薩乃至學佛的正信四眾弟子，都能多多少少將各人所知的佛法，向他人說。例如《法華經》的〈法師品〉及〈法師功德品〉以及本經所說的，受、持、讀、誦、為他人說，及書寫佛經分贈他人，均有無量功德。法布施，主要是將佛法的正知見以及正確的修行方法，具體的說是四聖諦、八正道、三十七菩提分法、六度、四攝等解脫道及菩薩道乃至成佛之道的因行，告知眾生，信受奉行，便能去除無量煩惱，開啟如來寶藏。佛能具足三種布施，所以是大施主；《金剛經》說佛菩薩「心不住法而行布施」，所以是大布施。

爾時世尊，以偈頌曰：

譬如貧人家，內有珍寶藏，

主既不知見，寶又不能言。

窮年抱愚冥，無有示語者，
有寶而不知，故常致貧苦。
佛眼觀眾生，雖流轉五道，
大寶在身內，常在不變易。
如是觀察已，而為眾生說，
令得智寶藏，大富兼廣利。
若信我所說，一切有寶藏，
信勤方便行，疾成無上道。

語譯

當時的釋迦世尊，再以偈頌復述如下：

譬如有一戶貧窮人家，屋內有一個珍寶庫藏，主人既然不知不見，寶藏又不能自己宣說。貧人長年抱窮而愚昧無知，又沒有誰來向他說破，其實是有著自家寶藏竟然不知，因此經常在貧苦中生活。

如來以佛眼觀見眾生，雖然流轉在五道之中生生死死，大寶佛藏就在自己的身內，常住常在常不變易。由於如此觀察之後，便為眾生宣說如來藏的正法，令使眾生得一切智獲大寶藏，既使自成大富也能廣利眾生。

若有信我所說的正法，一切眾生都擁有現成的寶藏，信後就能勤修一切方便行，疾成無上菩提道。

註釋

五道 又譯為五趣，是指三界二十五有的五類眾生：天、人、傍生、鬼、地獄。有的經中，分為六類，稱為六道，即是以上的五道，加一類阿修羅道，由於阿修羅享天福而無天德，故可歸類為鬼道，若具天德則稱為天（deva）。有關五道眾生的各各分際，詳細的敘述資料，可參閱《長阿含經》第四分的《世記經》、《大樓炭經》、《起世經》、《起世因本經》。

八、菴羅果種喻

復次善男子！譬如菴羅果，內（種）實不壞，種之於地，成大樹王。如是善男子！我以佛眼觀諸眾生，如來寶藏，在無明殼，猶如果種，在於核內。善男子！彼如來藏，清涼無熱，大智慧聚，妙寂泥洹，名為如來、應供、等正覺。善男子！如來如是觀眾生已，為菩薩摩訶薩淨佛智故，顯現此義。

語譯

善良的男士們唷！再為你們說一個譬喻吧！例如菴羅樹的果實，內裡的種子不會毀壞，種在土地中，便成大樹之王。

就是這樣，善良的男士們唷！我釋迦如來以佛眼觀知一切眾生，都有如來寶藏，被掩沒在無明煩惱殼內，猶如菴羅樹的果種，藏在果核之內一樣。

善良的男士們唷！這個如來藏是怎樣的呢？那是清涼而無熱惱的，那是大智慧的聚集，那是勝妙寂靜的泥洹（涅槃），被名為如來、應供、等正覺的佛。

善良的男士們唷！我釋迦如來對眾生做了如此的觀察之後，為使諸位大菩薩淨佛一切智故，顯露了這個道理。

註釋

菴羅　梵名 āmala，是樹名，異譯為菴婆羅、菴沒羅、菴摩羅，另名阿末羅 āmalaka 是果名，又有譯為菴摩洛迦、菴摩勒。《維摩詰經．佛國品》羅什三藏註云：「菴羅樹，其果似桃非桃也。」玄應《一切經音義》卷二十八云：「阿摩勒果，正言菴摩羅果，其葉似小棗，果如胡桃，味酸而且甜，可入藥分也。」但在《梵語雜名》一書中指出，阿末羅果與菴沒羅果是不同的（編案：《梵語雜名》只見「阿摩攞迦」一詞，「阿末羅果」與「菴沒羅果」可參見《一切經音義》卷十三），阿末羅果是圓形直徑一寸大小藥用果，菴沒羅果則是橢圓形大如梨子的食用果。此處經文中的菴羅果，應係如梨子大小的食用果，佛經中有以「如觀掌中菴沒羅果」形容看得清晰、一目了然，可知此種果實的體積是相當大的。

菴羅樹身高大，屬於喬木科，故被譽為樹中之王。因為此樹開花多而成果少，所以《大智度論》卷四有引以為喻的偈語云：「菩薩發大心，魚子菴樹華，三事因時多，成果時甚少。」因為菩薩初發大菩提心容易，人數也多，在長遠修行途中，退心者也多，成佛者甚少；魚子生產時多，能成為魚及大魚者也少；菴羅樹開的花很多，結成果者很少。可知此樹結果，因為碩大，所以產量少，在佛經中看來，乃是一種上乘的珍果。例如在《阿育王傳》卷三的「半菴羅果因緣」，是敘述阿育王晚年，因為老病而被太子及外道群臣軟禁起來，不讓他再有自由將財物布施給當時的一座大道場雞頭摩寺，最後僅僅得到半隻菴羅果，也遣侍臣送去布施該寺的僧眾。可知這種果實，既有名，也很貴。

從經律中所見，在釋迦世尊住世時代，有幾座名園，提供佛陀作弘化安眾的大道場，稱為僧園，名為僧伽藍摩（saṃghārāma），名為精舍，例如舍衛國的祇園精舍，王舍城的竹園精舍，毘耶離國則有一座菴羅樹園，是菴羅樹女所奉獻的，《維摩詰經．佛國品》也有：「佛在毘耶離國菴羅樹園，與大比丘眾八千人俱。」的記載，是由一位菴羅樹女布施給佛的。註疏家嘉祥吉藏，將之譯作「捺女園」。這座僧園，在佛陀時代，跟祇園、竹園居於同等地位的三大名藍之一，如果菴羅是普通水果，就不至於如此有名了。

菴羅果應是水果而非堅果，因在本經這段經文中有「在於核內」之句，例如桃、李、杏、棗等，都是水果，並皆有核，核中有仁。近代有學者研究猜測，菴羅果就是現在通稱的芒果，將原音amara，流傳下來，去了頭尾，便成了芒果，也是珍果，也有果核。唯芒果的樹身不是高大到能稱為樹王，產量也不能算是稀少，倒是也開小花結大果。菴羅果是不是芒果，恐還無法論定。

泥洹 梵文涅槃的異譯，是寂滅義，是不生不滅義。從原始佛教所講四聖諦中的「滅諦」、三法印中所謂的「涅槃寂靜」、阿羅漢的「不受後有」、〈雪山偈〉中的「生滅滅已，寂滅為樂」、《涅槃經》的佛性、般若、法身、解脫，到諸大乘經中的法界、真如、如來藏，都是指的同一樣東西，那就是無我的智慧、緣起的空性。不過在如來藏系統的經典中，為了不使一般人落於無因無果的斷滅空見，所以不欲明說空性的智慧，要說是一切智、大智慧，要說泥洹就是佛的異稱，就是名為如來、應供、正等覺的佛。

如來藏系經典，是把因中的佛性，視為即是果上的如來，不是由於修行而造作了如來，所以將因中的如來藏與果上具足十種尊號的如來，畫上了等號，以使眾生起信，從此修行，除煩惱而顯佛身。原始的佛法，不說佛性如來藏，但能依諸道品，如法修行，便可離生死的三界而入不生不死的涅槃，那便是知苦果、斷苦集、修滅苦之道、證苦滅的涅槃。

爾時世尊，以偈頌曰：

譬如菴羅果，內實不毀壞，
種之於大地，必成大樹王。
如來無漏眼，觀一切眾生，
身內如來藏，如花果中實。
無明覆佛藏，汝等應信知，
三昧智具足，一切無能壞。
是故我說法，開彼如來藏，
疾成無上道，如果成樹王。

語譯

當時的釋迦世尊，再以偈頌復述如下：

譬如菴羅樹的果子一樣，果肉果核之內的果種是不會壞的，一旦種之於大地的土中，便會生長成為巨大的樹王。以如來的無漏智慧之眼，觀見一切人地眾生，身內本具有如來之藏，就像花果核內的種子一樣。

只是由於無明煩惱覆蓋佛藏，你們應當相信了知，一切的三昧與智慧具足，一切的外力都無能破壞。是故我如來要宣說正法，開啟眾生的如來之藏，使眾生快速地成就佛道，就像培植菴羅果種成為巨大的樹王。

註釋

無漏 梵語 anāsravaḥ，是有漏 āsrava 的否定語。漏是煩惱的異名，三界眾生的眼、耳、鼻、舌、身、意，這六根六識，緣外境六塵色、聲、香、味、觸、法，產生的煩惱不絕，猶如屋頂破了洞，在連綿不斷的雨季中，漏水不停，十分困擾；又如儲水的容器，底部有破洞或破縫，任你整日注進多少功德善法之水，總是隨注隨漏，不僅功德不能圓滿，而又使你困擾不已。所以稱生死三界為有漏界，名為三漏；一切以自我執著為動因的煩惱法，都是有漏法，包括十不善法及人天果報，都是有漏法。

與漏法的煩惱相對者，是出生死法，是解脫法，是菩薩法，是佛法，便是無漏法。例如四聖諦中的道諦，即是戒、定、慧三無漏學，即是八正道、三十七道品，乃至包括菩薩行的六度與四攝，無量無我的悲智大行，難行能行，都是無漏法。如來藏經典，多強調果德的無漏寶藏，少說因行的無漏法門，目的是為引發眾生嚮往成佛的信心，然後鼓勵眾生從事開發如來寶藏的實修工作。

與無漏法類似的另一個名詞是「無為」，梵文 asaṃskṛta，因緣造作而成的事相稱為有為，不假因緣造作的，本來現成的真理，稱為無為。也就是《無量壽經》卷上所說的「無為泥洹之道」。小乘聖典立三種無為法，如《俱舍論》卷一：1.擇滅無為，2.非擇滅無為，3.虛空無為（不是太虛空，乃是如實的無礙空）。大乘的《成唯識論》卷二立六種無為法：1.虛空無為，2.擇滅無為，3.非擇滅無為，4.不動無為，5.想受滅無為，6.真如無為。這都是論師們對於泥洹（涅槃）的說明。

由此可知，無漏法是涵蓋解脫道、菩薩道、佛道的因行諸道品，以及除一切煩惱成一切聖果的福慧莊嚴；無為法即是果德的異名。

九、弊物裹金喻

復次善男子！譬如有人，持真金像，行詣他國，經由險路，懼遭劫奪，裹以弊物，令無識者；此人於道，忽便命終；於是金像，棄捐曠野，行人踐蹈，咸謂不淨。得天眼者，見弊物中，有真金像，即為出之，一切禮敬。如是善男子！我見眾生，種種煩惱，長夜流轉，生死無量，如來妙藏，在其身內，儼然清淨，如我無異。是故佛為眾生說法，斷除煩惱，淨如來智，轉復化導一切世間。

語譯

善良的男士們唷！再為大家說一則譬喻吧！例如有一個要遠行的人，攜帶著真金所造的一尊聖像，前往其他國家，必須經過一程盜賊橫行的危險地區，恐懼會遇上了遭到劫奪，便將金像用破爛骯髒的廢棄物包裹起來，使得他人無從辨識那是金像。結果這個旅人竟在途中死了，那尊金像，也被拋棄在曠野的地上，路人經過便踩踢踐踏，大家都以為那是不乾淨的廢棄物。遇到一位已有天眼通的人，便見在此廢棄物的包裹之中，有一座真金的聖像，打開之後，一切人見了，都會來禮敬供養。

就是這樣的，善良的男士們唷！我釋迦牟尼佛見到一切眾生，由於被種種煩惱纏裹，在漫漫的無明長夜之中，流轉於生死五趣之間，已經無量時劫，竟不知都有如來妙寶之藏在眾生身內，本來就這麼清淨無染，跟我釋迦如來一模一樣。因此，我佛如來，要為眾生說法，使一切眾生斷除煩惱，清淨如來智慧，然後也像諸佛一樣，用佛法化導一切世間的眾生成佛。

爾時世尊，以偈頌曰：

譬人持金像，行詣於他國，
裹以弊穢物，棄之在曠野。
天眼者見之，即以告眾人，
去穢現真像，一切大歡喜。

我天眼亦然，觀彼眾生類，
惡業煩惱纏，生死備眾苦。
又見彼眾生，無明塵垢中，
如來性不動，無能毀壞者。
佛既見如是，為諸菩薩說，
煩惱眾惡業，覆弊最勝身。
當勤淨除斷，顯出如來智，
天人龍鬼神，一切所歸仰。

語譯

當時的釋迦世尊，再以偈頌復述如下：

譬如有人攜帶著一尊金像遠行，要到其他國家，便用骯髒的廢物包裹，結果被遺棄在曠野的地上。有天眼通的人看到了，便告知大家，除去廢棄物現出了真金像，一切大眾見了皆大歡喜。

我佛如來的天眼也是一樣，觀見一切眾生之類，久被惡業煩惱所纏，在生死之中備受許多痛苦；又見一切眾生，在無明煩惱的塵垢之中，如來的佛性永遠未曾變動，沒有任何力量能使之毀壞；佛既見到這樣的事實，便為你們諸位菩薩演說：煩惱的種種惡業，覆蔽了如來的最勝之身。

應當勤奮地淨斷煩惱，顯出如來的智慧，就能受到天、人、鬼、神，一切眾生的皈依敬仰。

一〇、貧賤醜女懷輪王喻

復次善男子！譬如女人，貧賤醜陋，眾人所惡，而懷貴子，當為聖王，王四天下；此人不知，經歷時節，常作下劣生賤子想。如是善男子！如來觀察一切眾生，輪轉生死，受諸苦毒，其身皆有如來寶藏，如彼女人而不覺知。是故如來普為說法，言善男子，莫自輕鄙，汝等自身，皆有佛性，若勤精進，滅眾過惡，則受菩薩及世尊號，化導濟度，無量眾生。

語譯

再為大家說一則譬喻吧！善良的男士們，例如有一位貧賤又醜陋的女人，每一個人都討厭她，而她腹中懷的是一個貴子，將來會當轉輪聖王，做四天下的大王；這個貧女並不知道，經歷了一段時節也都以為，她這樣下劣的女人，一定是生下卑賤的兒子了。

也就是如此，善良的男士們唷！我釋迦如來觀察一切眾生，輪轉於生死五道之間，受盡了種種苦毒，然其身中無一沒有如來寶藏，就像那個貧醜女子懷有聖王而不知覺。因此如來要普為大眾說法，告訴大家：善良的男士們，請勿輕鄙自己，你們的自身，皆有佛性，如能勤修精進，滅除一切罪過惡業，便能接受菩薩以及世尊的尊號，同時也能化導無量眾生，濟度無量眾生了。

註釋

聖王　輪王、轉輪聖王是印度傳說中的理想國王，有點類似在基督教《舊約》中的彌賽亞救世主，大家渴望有一位權威仁慈的國王出世；所以理想化了的輪王，也是佛經中的眾生所渴望的。輪王分有四等：1. 鐵輪王統治一洲，2. 銅輪王統治二洲，3. 銀輪王統治三洲，4. 金輪王統治四洲。是以須彌山為中心的四方各有一洲，名為四大部洲，金輪王是地上最大的大王，隨輪寶飛行空中，所到之處，一切國家不戰而降，自然接受仁政的統治，故又名為飛行皇帝。

此處說有貧賤醜陋的女子，也可能懷孕轉輪聖王，這種信仰在印度婆羅門教種姓階級極度森嚴的環境中，被佛教提示出來，乃是一大民主平等的主張；因為眾生都能成佛，何況是轉輪聖王。

爾時世尊，以偈頌曰：

譬如貧女人，色貌甚庸陋，
而懷貴相子，當為轉輪王。
七寶備眾德，王有四天下，
而彼不能知，常作下劣想。
我觀諸眾生，嬰苦亦如是，
身懷如來藏，而不自覺知。
是故告菩薩，慎勿自輕鄙，
汝身如來藏，常有濟世明。
若勤修精進，不久坐道場，
成最正覺道，度脫無量眾。

語譯

當時的釋迦世尊，再以偈頌復述如下：

譬如有一位貧窮的女人，色貌非常平庸醜陋，竟然懷孕了具足三十二相的貴子，出生之後將會成為轉輪聖王；自然擁有七寶並且具備眾德，將是一四天下的金輪聖王，而此女子不知道，經常都以為生出下劣的兒子。

我觀一切眾生，被眾苦如此地纏繞，身中懷有如來寶藏，竟不能夠自知自覺。所以要告知諸位菩薩：慎勿自暴自棄，你們身中的如來寶藏，經常都有救濟眾生的智慧光明。若能勤修精進的菩薩道品，不久便能坐於菩提道場，成就最上的正等正覺，度脫無量的苦海眾生。

一一、鑄模內金像喻

復次善男子！譬如鑄師鑄真金像，既鑄成已，倒置于地，外雖焦黑，內像不變，開摸出像，金色晃曜。如是善男子！如來觀察一切眾生，佛藏在身，眾相具足。如是觀已，廣為顯說，彼諸眾生，得息清涼，以金剛慧，搥破煩惱，開淨佛身，如出金像。

語譯

善良的男士們啃！再說最後一則譬喻，例如有一位鑄造師，鑄造真金像，鑄成之後，橫倒在地上，外表是焦黑的，內部的金像卻不會變質，打開鑄模，金像出現，金色晃耀。

就是如此，善良的男士們啃！如來觀察一切眾生，佛的寶藏在身，具足三十二相。如此觀察之後，便向大眾顯明宣說，聽到的所有眾生，知道之後便從熱惱獲得清涼，並以佛的金剛慧，搥破煩惱殼，開啟清淨的佛的法身，就像從鑄模中開出了金像。

爾時世尊，以偈頌曰：

譬如大冶鑄，無量真金像，
愚者自外觀，但見焦黑土。
鑄師量已冷，開摸令質現，
眾穢既已除，相好畫然顯。
我以佛眼觀，眾生類如是，
煩惱淤泥中，皆有如來性。
授以金剛慧，搥破煩惱摸，
開發如來藏，如真金顯現。
如我所觀察，示語諸菩薩，
汝等善受持，轉化諸群生。

語譯

當時的釋迦世尊，再以偈頌復述如下：

譬如有一座大鑄冶工廠，鑄造了許許多多的真金聖像，無知的人從其外表看去，僅是一段段焦黑的泥土。鑄冶的工匠衡量金像已冷卻時，便將鑄模一一打開，出現金質，一切的穢垢泥土既已除去，金像的相好猶如畫一般地顯現。

我以佛眼觀察，眾生也就像這樣，在煩惱的淤泥之中，皆有如來的佛性。傳授了金剛智慧，搥破那煩惱的泥模，開發出如來的寶藏。

如我所觀察到那樣，向諸位菩薩開示，你們當好好地受持，轉化一切的眾生。

一二、勸持本經功德無量

爾時世尊，告金剛慧菩薩摩訶薩：若出家、若在家，善男子善女人，受持、讀、誦、書寫、供養、廣為人說如來藏經，所獲功德不可計量。

金剛慧！若有菩薩，為佛道故，勤行精進，修習神通，入諸三昧，欲殖德本，供養過恆河沙現在諸佛，造過恆河沙七寶台閣，高十由旬，縱廣正等各一由旬，設七寶床，敷以天繒，為一一佛，日日造立過恆河沙七寶台閣，以用奉獻一一如來及諸菩薩聲聞大眾。以如是事普為一切過恆河沙現在諸佛，如是次第，乃至過五十恆沙眾寶台閣，以用供養過五十恆沙現在諸佛及諸菩薩聲聞大眾，乃至無量百千萬劫。

金剛慧！不如有人，樂喜菩提，於如來藏經，受持、讀、誦、書寫、供養、乃至一譬喻者。金剛慧！此善男子，於諸佛所，種諸善根，福雖無量，比善男子善女人所得功德，百分不及一，千分不及一，乃至算數譬喻所不能及。

語譯

當時的釋迦世尊，告訴金剛慧菩薩摩訶薩說：不論出家人或在家人，也不論是善良的男士或善良的女士，凡能受持、讀、誦、書寫、供養、廣為他人解說《如來藏經》者，所獲得的功德是無可計算度量的。

金剛慧啃！若有另一位菩薩，為了成就佛道，勤勉行持精進不懈，修習諸種神通，並能修入各種世出世間的禪定；又為厚植德本，供養超過恆河沙數的現在十方諸佛，製造超過恆河沙數的七寶台閣，每座高達十由旬、直徑深廣各一由旬，台閣中各設七寶床座，敷以彩繒的天帛；又為每一尊佛，每天都造超過恆河沙數的七寶台閣，用來奉獻十方世界的每一尊佛、每一尊菩薩、每一尊阿羅漢及辟支佛。以如此的盛大供養，普遍供養一切超過恆河沙數的現在諸佛；同時也次第用超過五十恆河沙數的眾寶台閣，供養超過五十恆河沙數的現在諸佛、現在諸菩薩、現在一切諸大聲聞，日日如是，乃至持續供養無量百千萬劫。

金剛慧啃！就是做了那許多的無量供養，還不如另外有人，樂喜無上菩提，因而受持、讀、誦、書寫、供養《如來藏經》，乃至僅僅其中的一個譬喻。

金剛慧唷！若像那位善良的男士一樣，雖在無量諸佛所，種了無量供養善根，福德也有無量，還比這些善良的男士及善良的女士受持、讀、誦、書寫、供養、為他人解說《如來藏經》的所得功德，不及百分之一，不及千分之一，乃至不及算數譬喻的極大數字之一。

註釋

此節經文的目的，是在勸勉大眾都來受持、讀、誦、書寫、供養、並為他人解說《如來藏經》，此在諸部大乘經中，幾乎都有類似的功德較量，我於《絕妙說法——法華經講要》中，對此已有比較詳明的解釋，讀者可以參閱。此段經文特別強調人人都能做到的受持、讀、誦、書寫、供養，乃至一個譬喻的功德，就超過「勤行精進，修習神通，入諸三昧」的功德無量無數倍。

勤修精進是難行道的悲智行，也就是一切大、小乘的諸種道品，對於一般凡夫是比較難以深入，三明神通，也是大、小乘聖者們所修成的諸種三昧，包括一切禪定、念佛三昧、方等三昧，有漏的三三昧，無漏的三解脫門，都是要花長時間去修練的。為了接引一般大眾進入佛門，便說那些工夫雖有功德，還不如只要誦讀書寫《法華經》或《如來藏經》，就比那種難得修成的功德更大了。事實上，若能專心受持讀誦任何一部經典，也都能夠修成三昧，開大智慧的。例如專門持誦《法華經》，便能修成法華三昧，也能開啟智慧之門。

爾時世尊，重說偈言：

若人求菩提，聞持此經者，
書寫而供養，乃至於一偈；
如來微妙藏，須臾發隨喜，
當聽此正教，功德無有量。
若人求菩提，住大神通力，
欲供十方佛，菩薩聲聞眾；
其數過恆沙，億載不思議，
為一一諸佛，造立妙寶台。
台高十由旬，縱廣四十里，

中施七寶座，嚴飾備眾妙；
敷以天繒褥，隨座各殊異，
無量過恆沙，獻佛及大眾；
悉以此奉獻，日夜不休息，
滿百千萬劫，所獲福如是。
慧者聞此經，能持一譬喻，
而為人解說，其福過於彼；
乃至於算數，譬喻所不及，
眾生之所依，速成無上道。
菩薩諦思惟，甚深如來藏，
知眾生悉有，疾成無上道。

語譯

假使有人為了求得無上菩提，聽聞受持這卷《如來藏經》，書寫此經並且供養此經，乃至僅有其中的一個經偈。對此如來的微妙寶藏，瞬息之間發隨喜心，當在聽聞此中正確的教法，功德已經不可稱量。

假使另外一人為了求菩提道，已能住於大神通力，並欲供養十方諸佛、菩薩眾、聲聞眾；超過恆河沙數，持續億萬不可思議年代，為每一尊佛，各各造立眾寶所成的寶台。每一寶台高至十由旬，縱廣四十里的直徑，台中設施七寶之座，裝飾得莊嚴無比；又鋪上天上的彩繒錦褥，每一個寶座又各各不同，超過恆河沙數的無量，奉獻給佛及諸大眾菩薩聲聞，也都如此的一一奉獻，日以繼夜地永不休息，如此圓滿百千萬劫，所獲的福德之多可以明白了。

有智慧的人聽聞了《如來藏經》，乃至僅能受持其中一個譬喻，並且能為他人解說，他的福德勝過於前面一人，乃至不是算數、譬喻所能相比，會被一切眾生依怙，疾速成就無上佛道。

諸位菩薩啊！好好思惟：甚深的如來寶藏，當知是一切眾生都有的，速令大家成佛道吧！

一三、世尊因地與《如來藏經》

爾時世尊，復告金剛慧菩薩言：過去久遠，無量無邊，不可思議阿僧祇劫，復過是數，爾時有佛，號常放光明王如來、應供、等正覺、明行足、善逝、世間解、無上士、調御丈夫、天人師、佛、世尊。金剛慧！何故名曰常放光明王？彼佛本行菩薩道時，降神母胎，常放光明，徹照十方千佛世界微塵等剎，若有眾生，見斯光者，一切歡喜，煩惱悉滅，色力具足，念智成就，得無礙辯；若地獄、餓鬼、畜生、閻羅王、阿修羅等，見光明者，皆離惡道，生天人中；若諸天人見光明者，於無上道，得不退轉，具五神通；若不退轉者，皆得無生法忍，五十功德，旋陀羅尼。

語譯

當時的釋迦世尊，再一次告訴金剛慧菩薩說：過去久遠，無量無邊阿僧祇劫，比這還要更多數劫之前，那時有一尊佛，號為常放光明王如來、應供、等正覺、明行足、善逝、世間解、無上士、調御丈夫、天人師、佛、世尊。金剛慧唷！那尊佛何故取名為常放光明王的呢？由於彼佛在修行菩薩道的最後一身，當他降神母胎之時，便能常放光明，徹照十方的千佛世界、微塵數國土，若有任一眾生見到他放的光明，每一位都生歡喜，煩惱都會消滅，身體的色力具足，定慧成就，得四無礙辯；若有地獄、餓鬼、畜生、閻羅王、阿修羅等三惡道的眾生，能見此光明者，都會脫離惡道苦趣，生於人間天上；若有諸天眾生，能見此光明者，即於無上的佛道，得不退轉心，並且具足五種神通；若有不退轉菩薩，能見此光明者，皆會證得無生法忍，成就五十功德的旋陀羅尼。

註釋

這一節的經義，跟《法華經》後面幾品的部分內容，相當類似，敘述釋迦世尊在修行菩薩道的階段，曾經親近某某佛，與某些菩薩是同門同修的菩薩伴侶，也就在某一佛處，聽聞過本經，故於世尊成佛之後，也當宣說本經。

前面這段經文，敘述常放光明如來這個名稱的由來，在彼佛修行菩薩道的最後一生，就能從入胎開始，常放光明，徹照十方無量國土，利益一切凡聖眾生。

地獄、餓鬼、畜生、閻羅王、阿修羅 上段經文中的三惡道眾生，有五種名稱。但是閻羅王及阿修羅，雖非餓鬼，依舊屬於鬼道，是罪福兼具、苦樂相間的鬼道。閻羅王在有的佛經中，稱之為閻羅天子，據傳說的信仰，閻羅王也在地獄中，算是鬼王的一類，當他們執行勤務、審辦案件時，是執法者，其他時間，他們同樣接受地獄的各種苦報；至於阿修羅眾的瞋心特重，雖有享受天人的福樂，同時又經常處於驚恐的狀態，常向帝釋天挑起戰端，卻又每戰皆敗，所以是毫無安全感的眾生。

五種神通 是凡夫的天眼、天耳、他心、宿命、神足，若加漏盡通，便是三乘聖者的六神通。

不退轉 有三個層次，第一層次十信滿足而進十住位至十回向位，第二層次是從初地至七地菩薩位，第三層次是第八地菩薩至十地圓滿。此處的不退轉是十信滿足進入十住。此處的無生法忍是從初地至八地菩薩，就能具足五十功德旋陀羅尼，何為旋陀羅尼？我在《絕妙說法——法華經講要》有說明。

金剛慧！彼光明所照國土，皆悉嚴淨如天琉璃，黃金為繩，以界八道，種種寶樹，花果茂盛，香氣芬馨；微風吹動，出微妙音，演暢三寶，菩薩功德、根、力、覺、道、禪定、解脫。眾生聞者，皆得法喜，信樂堅固，永離惡道。金剛慧！彼十方剎，一切眾生，蒙光明故，晝夜六時，合掌恭敬。金剛慧！彼菩薩處胎出生，乃至成佛，無餘泥洹，常放光明，般泥洹後，舍利塔廟，亦常放光。以是因緣，諸天世人，號曰常放光明王。

語譯

金剛慧唷！那尊即將成佛的受胎菩薩，光明所照一切國土，都成為莊嚴清淨猶如天上的琉璃寶地，以黃金為繩，分界而成八重大道，道側種有各種寶樹，或者是開滿了花，或者結滿了果，都飄散著芬芳溫馨的香氣；微風吹動寶樹，樹葉發出微妙的音樂，歡暢地演唱著佛、法、僧三寶功德、菩薩功德以及五根、五力、七覺支、八正道、禪定、解脫等佛法。眾生聽到了這些音樂，皆得法喜，並且信心堅固，從此永離三惡道報。

金剛慧唷！那時十方國土的一切眾生，由於蒙受了光明，所以日以繼夜，不休不息地合掌恭敬。

金剛慧唷！當那尊菩薩，不論是處胎時、出生時，乃至成佛時、進入無餘涅槃時，常放光明，入滅之後，供養彼佛的舍利塔廟，亦常放光明，以是因緣，諸天以及世間的人類，都尊號其為常放光明王。

註釋

這段經文，可以跟《無量壽經》及《阿彌陀經》比照來讀，不過那兩部經是描繪阿彌陀佛願力所成的西方極樂國土，《如來藏經》的常放光明王如來，能使被其光明所照的一切國土，都變成了跟極樂國土同樣地清淨莊嚴，這意味著比起阿彌陀佛的願力更為殊勝。

金剛慧！常放光明王如來、應供、等正覺、初成佛時，於其法中，有一菩薩，名無邊光，與二十億菩薩以為眷屬。無邊光菩薩摩訶薩，於彼佛所，問如來藏經，佛為演說。在於一坐，經五十大劫，護念一切諸菩薩故，其音普告十佛世界微塵等百千佛剎，為諸菩薩無數因緣百千譬喻，說如來藏大乘經典。諸菩薩等，聞說此經、受持、讀、誦、如說修行，除四菩薩，皆已成佛。金剛慧！汝莫異觀，彼無邊光菩薩豈異人乎？即我身是，彼四菩薩，未成佛者，文殊師利、觀世音、大勢至、汝金剛慧是。金剛慧！如來藏經能大饒益，若有聞者皆成佛道。

語譯

金剛慧啃！當常放光明王如來、應供、等正覺，初成佛道時，在其弘揚佛法的大會中，有一位菩薩，名為無邊光菩薩摩訶薩，與二十億菩薩為其眷屬。無邊光菩薩摩訶薩，曾向彼佛請問《如來藏經》，彼佛即為他演說此經，在一次的法座，便歷經五十大劫，那是為了護念一切諸菩薩故，以佛音聲，普告十佛世界微塵等數百千佛剎，為諸菩薩用無數種因緣、百千個譬喻，宣說如來藏的大乘經典。當時與會的無量無數菩薩，聞說此《如來藏經》，受持、讀、誦，如說修行，除了今天也來與會的四大菩薩，其餘全都已經成佛。

金剛慧唷！請你勿作其他觀想，那時的無邊光菩薩，不是別人，就是我釋迦世尊的前身，至於四位菩薩，尚未成佛者，便是文殊師利、觀世音、大勢至以及你金剛慧。

金剛慧唷！《如來藏經》，能為眾生作大饒益，凡有聞此經者，必皆成就佛道。

註釋

這段經文，是由常放光明王如來的因緣，引申出釋迦世尊的前身，曾經名為無邊光菩薩，由於他曾向常放光明王如來請說《如來藏經》，故在他成佛之後十年，也為無數菩薩宣說《如來藏經》，同時也交代了請法主金剛慧菩薩與釋迦世尊的關係；這種表現法，也可從《法華經》中找到幾個例子。尤其這段經文中提到「經五十大劫」，用因緣、譬喻宣說「如來藏大乘經典」，似也暗示著本經與《法華經》、《阿彌陀經》等的體例有相關處，並且除了本經尚有其他的如來藏大乘經典的流傳。故在看完本經的語譯釋，宜繼續閱讀。

爾時世尊，重說偈曰：

過去無數劫，佛號光明王，
常放大光明，普照無量土。
無邊光菩薩，於佛初成道，
而啟問此經，佛即為演說。
其有遇最勝，而聞此經者，
皆已得成佛，唯除四菩薩；
文殊觀世音，大勢金剛慧，
此四菩薩等，皆曾聞此法。
金剛慧為彼，第一神通子，
時號無邊光，已曾聞此經。
我本求道時，師子幢佛所，
亦曾受斯經，如聞說修行；
我因此善根，疾得成佛道，
是故諸菩薩，應持說此經。

聞已如說行，得佛如我今，
若持此經者，當禮如世尊。
若得此經者，是名佛法主，
則為世間護，諸佛之所歎。
若有持是經，是人名法王，
是為世間眼，應讚如世尊。

語譯

當時的釋迦世尊，再以偈頌重述如下：

在過去的無數劫之前，有一尊佛的名號是光明王，經常放出大光明，普遍照耀無量國土。有一位無邊光菩薩，於常放光明王如來成道之初，便啟請開示《如來藏經》，那尊如來便為許多菩薩演說。

當時遇到那尊世間最殊勝的，得聞此《如來藏經》的菩薩們，都已成了佛，除了還四位今日也在會中的菩薩，便是：文殊菩薩、觀世音菩薩、大勢至菩薩、金剛慧菩薩，這四位大菩薩，都已曾經聽過此法。

金剛慧菩薩是那尊佛的神通第一的大弟子，當時的無邊光菩薩，也已曾經聽過此經。我釋迦世尊在因地求成佛之道時，曾於師子幢佛的會中，也已受持過這部經典，如聽聞到的那樣照著修行；我因為種過這樣的善根，很快地成就了佛道，因此諸位菩薩們，應當受持解說此《如來藏經》。

聽聞之後如說修行，便得成佛像我一樣，如果有人受持此經的話，應當禮敬如禮世尊。如能獲得此經，即可名為佛法之主，就會被世間的八部眾所保護，亦為十方諸佛之所讚歎。若有人受持此《如來藏經》，此人便將名為法王，便是世間的人天眼目，應被讚歎如同世尊。

註釋

在上段的長行中說，釋迦世尊在因地時，曾親近常放光明王如來並請開示《如來藏經》，當時他的身分是無邊光菩薩，現在的重頌之中，又說他在求成佛道的過程中，也曾親近師子幢如來，亦曾從佛受持此經。可知釋迦世尊在因地時，至少於兩位如來座下，聽受此《如來藏經》，遇到常放光明王如來，是在久遠無量無邊不可思議阿僧祇劫之前，而於此段的重頌中卻說，從師子幢如來處聽聞受持如說修行之後，很快就成了佛，可知遇到師子幢佛，是在釋迦世尊最後一身之前，沒有多久的事。不過，在佛經中的時間觀，是不能以凡情世間的標準做衡量的。

「法王」一詞，原則是於法自在，應該是代表著佛的尊稱。此處重頌的最末一偈，強調持經功德的殊勝，若能持此《如來藏經》，便得名為法王，便作世間眼目，便應被當作佛來讚歎。看來似乎是誇張了一些，但亦不是沒有道理的。根本的佛法，特別重視法的受持，那是指的緣起法。佛有明示：「見緣起即見法，見法即見佛。」此處是將緣起法，換上了《如來藏經》所說的一切眾生皆有如來寶藏，見如來藏即見法，見法即見佛，便是見性成佛，當然便是法王，便是人天眼目，便應接受佛那樣的讚歎了。

一四、圓滿

爾時世尊，說此經已，金剛慧，及諸菩薩四眾眷屬，天、人、乾闥婆、阿修羅等。聞佛所說，歡喜奉行。

語譯

當時的釋迦世尊，說畢這部《如來藏經》，金剛慧菩薩、諸大菩薩，以及他們各自的四眾眷屬弟子，還有示現八部眾身的天、人、乾闥婆、阿修羅等，聞佛所說，皆大歡喜，受持奉行。

這一小段經文是本經的終結，前一段鼓勵大家受持奉行，此最後便做呼應，大家都已歡喜而願照著去修行了。

（二〇〇〇年六月十八日聖嚴完稿於美國紐約象岡道場）

附錄

《大方等如來藏經》

東晉天竺三藏佛陀跋陀羅譯

如是我聞。一時佛在王舍城耆闍崛山中。寶月講堂栴檀重閣。成佛十年與大比丘眾百千人俱。菩薩摩訶薩六十恆河沙。皆悉成就大精進力。已曾供養百千億那由他諸佛。皆悉能轉不退法輪。若有眾生聞其名者。於無上道終不退轉。其名曰法慧菩薩。師子慧菩薩。金剛慧菩薩。調慧菩薩。妙慧菩薩。月光菩薩。寶月菩薩。滿月菩薩。勇猛菩薩。無量勇菩薩。無邊勇菩薩。超三界菩薩。觀世音菩薩。大勢至菩薩。香象菩薩。香上菩薩。香上首菩薩。首藏菩薩。日藏菩薩。幢相菩薩。大幢相菩薩。離垢幢菩薩。無邊光菩薩。放光菩薩。離垢光菩薩。喜王菩薩。常喜菩薩。寶手菩薩。虛空藏菩薩。離憍慢菩薩。須彌山菩薩。光德王菩薩。總持自在王菩薩。總持菩薩。滅眾病菩薩。療一切眾生病菩薩。歡喜念菩薩。饜意菩薩。常饜菩薩。普照菩薩。月明菩薩。寶慧菩薩。轉女身菩薩。大雷音菩薩。導師菩薩。不虛見菩薩。一切法自在菩薩。彌勒菩薩。文殊師利菩薩。如是等六十恆河沙菩薩摩訶薩。從無量佛剎。與無央數天龍夜叉乾闥婆阿修羅迦樓羅緊那羅摩睺羅伽俱。悉皆來集尊重供養爾時世尊於栴檀重閣。正坐三昧而現神變。有千葉蓮華大如車輪。其數無量色香具足而未開敷。一切花內皆有化佛。上昇虛空彌覆世界猶如寶帳。一一蓮花放無量光。一切蓮花同時舒榮。佛神力故須臾之間皆悉萎變。其諸花內一切化佛結加趺坐。各放無數百千光明。於時此剎莊嚴殊特。一切大眾歡喜踊躍。怪未曾有咸有疑念。今何因緣無數妙花忽然毀變。萎黑臭穢甚可惡饜。爾時世尊。知諸菩薩大眾所疑。告金剛慧。善男子。於佛法中諸有所疑恣汝所問。時金剛慧菩薩知諸大眾咸有疑念。而白佛言。世尊。以何因緣。無數蓮花中皆有化佛。上昇虛空彌覆世界。須臾之間皆悉萎變。一切化佛各放無數百千光明。眾會悉見合掌恭敬。爾時金剛慧菩薩。以偈頌曰

我昔未曾睹　神變若今日
見佛百千億　坐彼蓮花藏
各放無數光　彌覆一切剎

離垢諸導師　莊嚴諸世界
蓮花忽萎變　莫不生惡厭
今以何因緣　而現此神化
我睹恆沙佛　及無量神變
未曾見如今　願為分別說

爾時世尊。告金剛慧及諸菩薩言。善男子。有大方等經名如來藏。將欲演說故現斯瑞。汝等諦聽善思念之。咸言善哉願樂欲聞。佛言善男子。如佛所化無數蓮花忽然萎變。無量化佛在蓮花內。相好莊嚴結加趺坐。放大光明眾睹希有靡不恭敬。如是善男子。我以佛眼觀一切眾生。貪欲恚癡諸煩惱中。有如來智如來眼如來身。結加趺坐儼然不動。善男子。一切眾生。雖在諸趣煩惱身中。有如來藏常無染汙。德相備足如我無異。又善男子。譬如天眼之人。觀未敷花見諸花內有如來身結加趺坐。除去萎花便得顯現。如是善男子。佛見眾生如來藏已。欲令開敷為說經法。除滅煩惱顯現佛性。善男子。諸佛法爾。若佛出世若不出世。一切眾生如來之藏常住不變。但彼眾生煩惱覆故。如來出世廣

為說法。除滅塵勞淨一切智。善男子。若有菩薩信樂此法。專心修學便得解脫。成等正覺普為世間施作佛事。爾時世尊以偈頌曰

譬如萎變花　其花未開敷
天眼者觀見　如來身無染
除去萎花已　見無礙導師
為斷煩惱故　最勝出世間
佛觀眾生類　悉有如來藏
無量煩惱覆　猶如穢花纏
我為諸眾生　除滅煩惱故
普為說正法　令速成佛道
我已佛眼見　一切眾生身
佛藏安隱住　說法令開現

復次善男子。譬如淳蜜在巖樹中。無數群蜂圍繞守護。時有一人巧智方

便。先除彼蜂乃取其蜜。隨意食用惠及遠近。如是善男子。一切眾生有如來藏。如彼淳蜜在于巖樹。為諸煩惱之所覆蔽。亦如彼蜜群蜂守護。我以佛眼如實觀之。以善方便隨應說法。滅除煩惱開佛知見。普為世間施作佛事。爾時世尊以偈頌曰

譬如巖樹蜜　無量蜂圍繞
巧方便取者　先除彼群蜂
眾生如來藏　猶如巖樹蜜
結使塵勞纏　如群蜂守護
我為諸眾生　方便說正法
滅除煩惱蜂　開發如來藏
具足無礙辯　演說甘露法
普令成正覺　大悲濟群生

復次善男子。譬如粳糧未離皮檜。貧愚輕賤謂為可棄。除蕩既精常為御

用。如是善男子。我以佛眼觀諸眾生。煩惱糠繪覆蔽如來無量知見。故以方便如應說法。令除煩惱淨一切智。於諸世間為最正覺。爾時世尊。以偈頌曰

譬一切粳糧　皮繪未除蕩
貧者猶賤之　謂為可棄物
外雖似無用　內實不毀壞
除去皮繪已　乃為王者膳
我見眾生類　煩惱隱佛藏
為說除滅法　令得一切智
如我如來性　眾生亦復然
開化令清淨　速成無上道

復次善男子。譬如真金墮不淨處。隱沒不現經歷年載。真金不壞而莫能知。有天眼者語眾人言。此不淨中有真金寶。汝等出之隨意受用。如是善男子。不淨處者無量煩惱是。真金寶者如來藏是。有天眼者謂如來是。是故如來

廣為說法。令諸眾生除滅煩惱。悉成正覺施作佛事。爾時世尊以偈頌曰

如金在不淨　隱沒莫能見
天眼者乃見　即以告眾人
汝等若出之　洗滌令清淨
隨意而受用　親屬悉蒙慶
善逝眼如是　觀諸眾生類
煩惱淤泥中　如來性不壞
隨應而說法　令辦一切事
佛性煩惱覆　速除令清淨

復次善男子。譬如貧家有珍寶藏。寶不能言我在於此。既不自知又無語者。不能開發此珍寶藏。一切眾生亦復如是。如來知見力無所畏。大法寶藏在其身內。不聞不知耽惑五欲。輪轉生死受苦無量。是故諸佛出興于世。為開身內如來法藏。彼即信受淨一切智。普為眾生開如來藏。無礙辯才為大施主。如

是善男子。我以佛眼觀諸眾生有如來藏。故為諸菩薩而說此法。爾時世尊以偈頌曰

譬如貧人家　內有珍寶藏
主既不知見　寶又不能言
窮年抱愚冥　無有示語者
有寶而不知　故常致貧苦
佛眼觀眾生　雖流轉五道
大寶在身內　常在不變易
如是觀察已　而為眾生說
令得智寶藏　大富兼廣利
若信我所說　一切有寶藏
信勤方便行　疾成無上道

復次善男子。譬如菴羅果內實不壞。種之於地成大樹王。如是善男子。我

以佛眼觀諸眾生。如來寶藏在無明殼。猶如果種在於核內。善男子。彼如來藏清涼無熱。大智慧聚妙寂泥洹。名為如來應供等正覺。善男子。如來如是觀眾生已。為菩薩摩訶薩淨佛智故顯現此義。爾時世尊以偈頌曰

譬如菴羅果　內實不毀壞
種之於大地　必成大樹王
如來無漏眼　觀一切眾生
身內如來藏　如花果中實
無明覆佛藏　汝等應信知
三昧智具足　一切無能壞
是故我說法　開彼如來藏
疾成無上道　如果成樹王

復次善男子。譬如有人持真金像。行詣他國經由險路懼遭劫奪。裹以弊物令無識者。此人於道忽便命終。於是金像棄捐曠野。行人踐蹈咸謂不淨。得

天眼者見弊物中有真金像。即為出之一切禮敬。如是善男子。我見眾生種種煩惱。長夜流轉生死無量。如來妙藏在其身內。儼然清淨如我無異。是故佛為眾生說法。斷除煩惱淨如來智。轉復化導一切世間。爾時世尊以偈頌曰

譬人持金像　行詣於他國
裹以弊穢物　棄之在曠野
天眼者見之　即以告眾人
去穢現真像　一切大歡喜
我天眼亦然　觀彼眾生類
惡業煩惱纏　生死備眾苦
又見彼眾生　無明塵垢中
如來性不動　無能毀壞者
佛既見如是　為諸菩薩說
煩惱眾惡業　覆弊最勝身
當勤淨除斷　顯出如來智

天人龍鬼神　一切所歸仰

復次善男子。譬如女人貧賤醜陋。眾人所惡而懷貴子。當為聖王王四天下。此人不知經歷時節。常作下劣生賤子想。如是善男子。如來觀察一切眾生。輪轉生死受諸苦毒。其身皆有如來寶藏。如彼女人而不覺知。是故如來普為說法。言善男子莫自輕鄙。汝等自身皆有佛性。若勤精進滅眾過惡。則受菩薩及世尊號。化導濟度無量眾生。爾時世尊以偈頌曰

譬如貧女人　色貌甚庸陋
而懷貴相子　當為轉輪王
七寶備眾德　王有四天下
而彼不能知　常作下劣想
我觀諸眾生　嬰苦亦如是
身懷如來藏　而不自覺知
是故告菩薩　慎勿自輕鄙

汝身如來藏　常有濟世明
若勤修精進　不久坐道場
成最正覺道　度脫無量眾

復次善男子。譬如鑄師鑄真金像。既鑄成已倒置于地。外雖焦黑內像不變。開摸出像金色晃曜。如是善男子。如來觀察一切眾生。佛藏在身眾相具足。如是觀已廣為顯說。彼諸眾生得息清涼。以金剛慧搥破煩惱。開淨佛身如出金像。爾時世尊以偈頌曰

譬如大冶鑄　無量真金像
愚者自外觀　但見焦黑土
鑄師量已冷　開摸令質現
眾穢既已除　相好畫然顯
我以佛眼觀　眾生類如是
煩惱淤泥中　皆有如來性

授以金剛慧　搥破煩惱摸
開發如來藏　如真金顯現
如我所觀察　示語諸菩薩
汝等善受持　轉化諸群生

爾時世尊告金剛慧菩薩摩訶薩。若出家若在家。善男子善女人。受持讀誦書寫供養。廣為人說如來藏經。所獲功德不可計量。金剛慧若有菩薩為佛道故。勤行精進修習神通。入諸三昧欲殖德本。供養過恆河沙現在諸佛。造過恆河沙七寶台閣。高十由旬縱廣正等各一由旬。設七寶床敷以天繒。為一一佛日日造立過恆河沙七寶台閣。以用奉獻一一如來及諸菩薩聲聞大眾。以如是事普為一切過恆河沙現在諸佛。如是次第乃至過五十恆沙眾寶台閣。以用供養過五十恆沙現在諸佛及諸菩薩聲聞大眾。乃至無量百千萬劫。金剛慧。不如有人樂喜菩提。於如來藏經受持讀誦書寫供養乃至一譬喻者。金剛慧。此善男子。於諸佛所種諸善根福雖無量。比善男子善女人所得功德。百分不及一千分不及一。乃至算數譬喻所不能及。爾時世尊重說偈言

若人求菩提　聞持此經者
書寫而供養　乃至於一偈
如來微妙藏　須臾發隨喜
當聽此正教　功德無有量
若人求菩提　住大神通力
欲供十方佛　菩薩聲聞眾
其數過恆沙　億載不思議
為一一諸佛　造立妙寶台
台高十由旬　縱廣四十里
中施七寶座　嚴飾備眾妙
敷以天繒褥　隨座各殊異
無量過恆沙　獻佛及大眾
悉以此奉獻　日夜不休息
滿百千萬劫　所獲福如是
慧者聞此經　能持一譬喻

而為人解說　其福過於彼
乃至於算數　譬喻所不及
眾生之所依　速成無上道
菩薩諦思惟　甚深如來藏
知眾生悉有　疾成無上道

爾時世尊。復告金剛慧菩薩言。過去久遠無量無邊。不可思議阿僧祇劫。復過是數。爾時有佛。號常放光明王如來應供等正覺明行足善逝世間解無上士調御丈夫天人師佛世尊。金剛慧。何故名曰常放光明王。彼佛本行菩薩道時。降神母胎常放光明徹照十方千佛世界微塵等剎。若有眾生見斯光者一切歡喜。煩惱悉滅色力具足念智成就得無礙辯。若地獄餓鬼畜生閻羅王阿修羅等見光明者。皆離惡道生天人中。若諸天人見光明者。於無上道得不退轉具五神通。若不退轉者皆得無生法忍五十功德旋陀羅尼。金剛慧。彼光明所照國土。皆悉嚴淨如天琉璃。黃金為繩以界八道。種種寶樹花果茂盛香氣芬馨。微風吹動出微妙音。演暢三寶菩薩功德根力覺道禪定解脫。眾生聞者皆得法喜。信樂堅固永離惡道。金剛慧。彼十方剎一切眾生蒙光明故。晝夜六時合掌恭敬。金剛慧。彼菩薩處胎出生。乃至成佛無餘泥洹常放光明。般泥洹後舍利塔廟亦常放光。以是因緣諸天世人。號曰常放光明王。金剛慧。常放光明王如來應供等正覺初成佛時。於其法中有一菩薩名無邊光。與二十億菩薩以為眷屬。無邊光菩薩摩訶薩於彼佛所。問如來藏經佛為演說。在於一坐經五十大劫。護念一切諸菩薩故。其音普告十佛世界微塵等百千佛剎。為諸菩薩無數因緣百千譬喻。說如來藏大乘經典。諸菩薩等聞說此經受持讀誦如說修行。除四菩薩皆已成佛。金剛慧。汝莫異觀。彼無邊光菩薩豈異人乎。即我身是。彼四菩薩未成佛者。文殊師利。觀世音。大勢至。汝金剛慧是。金剛慧。如來藏經能大饒益。若有聞者皆成佛道。爾時世尊重說偈曰

過去無數劫　佛號光明王
常放大光明　普照無量土
無邊光菩薩　於佛初成道
而啟問此經　佛即為演說

其有遇最勝　而聞此經者
皆已得成佛　唯除四菩薩
文殊觀世音　大勢金剛慧
此四菩薩等　皆曾聞此法
金剛慧為彼　第一神通子
時號無邊光　已曾聞此經
我本求道時　師子幢佛所
亦曾受斯經　如聞說修行
我因此善根　疾得成佛道
是故諸菩薩　應持說此經
聞已如說行　得佛如我今
若持此經者　當禮如世尊
若得此經者　是名佛法主
則為世間護　諸佛之所歎
若有持是經　是人名法王

是為世間眼　應讚如世尊

爾時世尊說此經已。金剛慧。及諸菩薩四眾眷屬。天人乾闥婆阿修羅等。聞佛所說歡喜奉行。

《大方等如來藏經》終

國家圖書館出版品預行編目資料

自家寶藏：如來藏經語體譯釋 / 聖嚴法師著 . --
三版 . -- 臺北市：法鼓文化, 2023.01
面；　公分
ISBN 978-957-598-858-6（平裝）

1. CST: 方等部

221.3　　109009398

現代經典 5

自家寶藏——如來藏經語體譯釋

The Treasure of Our Own: A Vernacular Translation of and Commentary on the Tathagatagarbha Sutra

著者　聖嚴法師
出版　法鼓文化
總審訂　釋果毅
總監　釋果賢
總編輯　陳重光
編輯　林文理、李書儀
封面設計　謝佳穎
內頁美編　小工
地址　臺北市北投區公館路一八六號五樓
電話　(02)2893-4646
傳真　(02)2896-0731
網址　http://www.ddc.com.tw
E-mail　market@ddc.com.tw
讀者服務專線　(02)2896-1600
初版一刷　二〇〇一年七月
三版一刷　二〇二三年一月
建議售價　新臺幣二〇〇元
郵撥帳號　50013371
戶名　財團法人法鼓山文教基金會—法鼓文化
北美經銷處　紐約東初禪寺
Chan Meditation Center (New York, USA)
Tel: (718) 592-6593　E-mail: chancenter@gmail.com

法鼓文化